何が食べたいの、日本人？

平成・令和
食ブーム総ざらい

Aco Mari

インターナショナル新書　059

まえがき

昭和時代は、「ファッション」といえば洋服の流行を指していたが、平成は、食がファッションになった時代だった。

幕開けは、ティラミスブーム。「Ｈａｎａｋｏ族」の女性が街を闊歩し、『ｄａｎｃｙｕ』に紹介されるギョウザやカレーを語る男性が、ラーメン屋にも並ぶ。「エスニック」料理が流行ったと思えば、Ｂ級グルメが脚光を浴びる。『孤独のグルメ』など、食を題材にしたドラマも人気を博した。ＳＮＳが普及すると、インスタ映えするかき氷やチョコミント・スイーツが流行る。家庭では、時短レシピやミールキットといった、短時間で食卓を調えるものが支持されたのちに、世界中を襲った新型コロナウイルスの影響で、手づくりスイーツが流行る。

本書では、そんな目まぐるしい流行現象が起きた、平成時代から令和初頭の２０２０年までの食のトレンドから、時代の流れが見えるものをピックアップし、私たちが生きている時代について考える。平成元年に成人式を迎えた私自身も、この30年間に流行の食を楽しんできた1人である。そこで、流行現象を分析するだけでなく、そのとき何が驚きで何が楽しかったのか、味はどんな風だったのかなど、体験を挿入しながら書くことで立体的に時代を描くことを試みた。

洋服などの流行と違って、食は腹に収めれば消えるので、罪悪感が比較的残りにくい。また、高級料理店へ行く場合を除けば、それほどコストがかからず、５００円硬貨でお釣りがくる気軽なものも多い。その手軽さも、景気拡大期にも庶民の不況感が拭い去られにくかった、平成時代にふさわしかったと言える。

日本では、元号が変わると不思議なほど時代の空気が変わる。平成は、始まって間もなくバブルが崩壊した低成長時代で、格差が拡大した厳しい時代だった。昭和に完成した安定雇用時代も、皆婚時代も崩れた。少子化が進み、若者の人口が少なくなった。中高年が中心の社会へシフトしたことも、洋服より食へと、トレンドの中心が動いた原因だっただろう。

軽さや明るさが重んじられた１９８０年代の空気感が嘘のように消え、平成時代は、時に窮屈になるほど真面目さが求められた。

不況に加え、大震災や洪水その他の天災や、無差別殺人などのテロリズムの脅威にも晒されたことがその要因だろうが、試練は助け合いの風潮も育んだ。インターネットが普及し、新しいコミュニティが形成されたことも、協力関係を育てた。在来作物の復活や、食材が届く情報誌『食べる通信』の誕生は、情報社会の協力関係があったからこそのものだ。

厳しい時代だったからこそ、手軽に手に入れられ、癒しや活力の源になる食は、エンターテインメント化したのかもしれない。そして、人を結びつける食の力が、崩壊した昔ながらの地域の関係を、家族や社会を、新しい形で再生させるかもしれない。

平成は、外食と中食への依存が強くなった時代だったが、令和が始まったばかりの2020年、新型コロナウイルスの感染が拡大した影響で、家の中にこもらざるを得ない人がふえ、手づくりの料理が見直されている。また時代が、大きく変わろうとしている。そんな変化を見据えるためにも、ここでいったん本書を通して、この30年間を振り返ってみるのはいかが？

目次

チョコミントはなぜブームになったのか?
ビーン・トゥ・バーの登場
再発見されるバウムクーヘン
アジアの中のかき氷
高級食パンはなぜ人気なのか?
スタバのある町
2度目のクラフトビールブーム
緑茶ドリンクの成立
タピオカ・フィーバー

第4章 時代を映す食文化

「平成米騒動」を振り返る
「英国一家」大人気
「フード左翼」とは誰か?
遺伝子組み換え食品の登場
スローフードブームがもたらしたもの
在来作物に光を当てる

第1章　情報化が進んだ30年

「Ｈａｎａｋｏ族」の誕生

「Ｈａｎａｋｏ族」という言葉を知っている人、手を挙げて――はい、今手を挙げたあなたは昭和育ちですね。平成元年に20歳だった私も、もちろん知っていました。

この言葉は首都圏情報誌『Ｈａｎａｋｏ』（マガジンハウス）が創刊当時、いかに勢いがあったかを表している。東京の街には、同誌を片手に歩く若い女性がたくさん出現し、「Ｈａｎａｋｏ族」と呼ばれていた。雑誌が社会現象となったのは、１９７０年代初め、小さな観光地に『ａｎａｎ』『ｎｏｎ・ｎｏ』を手にした若い女性がふえた「アンノン族」以来だったかもしれない。

『Ｈａｎａｋｏ』は特に、グルメ情報で影響力を発揮した。流行らせたグルメの代表は、ティラミス。「イタ飯」と呼ばれたイタリア料理がブームだったバブルの絶頂期、デザートで出されるティラミスは、１９９０（平成2）年4月12日号で特集されると爆発的に大流行した。それから意外と知られていないが、「デパ地下」という言葉を１９８８（昭和63）年、おそらく最初に使ったメディアでもあった。

創刊は１９８８年5月26日発売の6月2日号。平成の始まりはその約半年後。だから、「Ｈａｎａｋｏ族」は平成とともに登場した人たちと言える。人々はバブル景気に浮かれ、消費に貪欲だった。当時の『Ｈａｎａｋｏ』は、ルイ・ヴィトン、リチャード・ジノリなどのブランド雑貨のほか、百貨店の人気商品情報も特集を組んでくり返し紹介。好景気で消費が活発だったあの頃、百貨店で洋服を買い、流行を追う若い女性は多かった。

中でも読者が熱心に読んだと思われるのが、銀座、六本木、吉祥寺、自由が丘といった町ごとの特集で紹介されるグルメ情報や、グルメ特集だったのではないか。

グルメブームは１９７０年代の終わりから始まっていたが、昭和の時代はまだ、グルメが特別な人たちのものでレストランや日本料理店などの敷居は高く、女性が男性のエスコートなしに入ることはあまり考えられなかった。しかし『Ｈａｎａｋｏ』は、誰もが気軽に人気店の情報にアクセスできる時代を到来させた。

その後もグルメ情報誌が次々と誕生していき、食は気軽な楽しみになっていく。「おいしいものを食べに行こう」とＯＬや主婦が友だちを誘う。あるいは情報誌を頼りに、人生経験が浅い男性も恋人を誘う。人気店には予約が殺到する、あるいは行列ができる。おいしいものを食べた満足感は次へとつながり、日本人はどんどんグルメになっていった。

同誌は下町グルメも積極的に紹介した。浅草、人形町、谷中、上野……。バブル期、大人の男性たちの憩いの場であった焼き鳥屋などにも女性はどんどん進出した。サラリーマン御用達の店に独りで堂々と入っていく彼女たちは、「オヤジギャル」と呼ばれる。女性が独りでご飯を食べる、酒を飲むことが、驚かれた時代なのだ。

当時、関西の大学に通っていた私も、周りの人たちを介して、ヨーロッパのブランド食器やエルメスのスカーフなどのブランド雑貨の流行は知っていた。20歳そこそこの彼らが通に見えた情報源はおそらく、『Ｈａｎａｋｏ』。ずいぶん後になって同誌のバックナンバーを調べたとき、あの頃の周囲の流行が、そのまま誌面にあったからだ。東京がキラキラ輝いていたあの時代、同誌の情報は直接、あるいは間接的に地方にも届いて、若者たちの憧れをかきたてていた。

情報誌が女性の食べ歩きを可能にできたのは、好景気と、働く女性がふえたおかげだった。１９８６年に施行された男女雇用機会均等法は女性の経済的自立を促したが、『Ｈａｎａｋｏ』は遊びの自立を促した。「Ｈａｎａｋｏ族」は、誰かに頼ることなく働き遊んだ人たちだ。雑誌が、女性の楽しむ自由な世界を広げたのである。

やがてインターネットが普及し、グルメサイトが登場し、口コミ情報を交換できるＳＮＳ（ソーシャル・ネットワーキング・サービス）が広まった。紙媒体の『Ｈａｎａｋｏ』の魅力は薄れていったが、盛り上がる流行を伝える役割は持ち続けている。パン特集、台湾特集。タイやベトナムなどの「アジアごはん」の特集。平成の終わりにはお茶特集を組んでいる。次は、どんな流行を教えてくれるのだろうか。

『dancyu』の成立

『Ｈａｎａｋｏ』の登場から2年半。１９９０（平成２）年末にグルメ情報誌の『ｄａｎｃｙｕ』（プレジデント社）が創刊された。雑誌名は「男子厨房に入らず」という言葉から。創刊の言葉によると、「近頃はむしろその逆でしきりと厨房に入りたがる男が激増しているとか。ということから『男の料理』雑誌と短絡的にイメージされそうですが、それだけと思われては困るのです」とややこしい。要するに、グルメ時代を背景に食いしん坊の男性に向けた雑誌をつくろう、というのが主旨だったようだ。

『ｄａｎｃｙｕ』は宣言通り、男性を中心にした食トレンドを、数多く取り上げてきた。羊料理、ステーキ、鍋、とんかつ、丼、卵料理、焼酎、日本酒、コーヒー、おにぎり、パン、洋食……。数ある特集の中で特に多いのがカレーとギョウザで、同誌は創刊20周年を記念して、２０１０年に『カレー大全』上下巻と、『餃子万歳』という過去の記事を収録したムック版まで出している。

「男子厨房に入らず」という表現で思い出したが、昭和時代、男性が食を語ることは「みっともない」と言われがちだった。池波正太郎や伊丹十三、開高健のようなグルメ通の文化人ならともかく、一般的には男たるもの、生活臭のあるものにこだわるべきではない。マッチョな時代だったのである。

そんな男らしさへの思い込みを取り払うきっかけをつくったのは、1983(昭和58)年に青年マンガ誌『ビッグコミックスピリッツ』(小学館)で連載が始まった、『美味しんぼ』(雁屋哲作、花咲アキラ画)だった。うわべばかりのグルメブームに異を唱え、本当においしいものとは何か、生産者たちが何に気を配っているかを伝えよう、と全国各地の食の現場の取材に基づいて描かれたグルメマンガ。新聞記者の山岡士郎と確執のある父、海原雄山の対決が見ものである。

山岡と海原は、毎回新聞社が立ち上げた「究極のメニュー」VS「至高のメニュー」のプレゼンテーションで対峙する。試作料理を食べた人々が、「何というまろやかさ!」「複雑で滋味があって」と饒舌に味を語り合うさまを、若者たちが真似た。

おいしいものを楽しむこと、語ることは恥ずかしくない。そんな風に感じる若い男性がふえてグルメへの関心が高まった頃に、『dancyu』は創刊された。待たれていた雑誌だったのである。

「男子厨房に入らず」のアンチとしての機能も、同誌はもちろん持っていた。毎号、特集した料理のレシピも掲載されている。プロセス写真つきなので、料理に慣れていない人でも手を出しやすい。つくってみたい楽しみも、味わわせてくれるというわけだ。

しかし、『dancyu』のレシピは、昭和的でマッチョな、「男の料理」というテイストが強い。例えば2008年8月号のカレー特集に、「本格『チキンカレー』道場」という記事がある。そこでつくるカレーは、ホールスパイスのグリーン・カルダモン、ビッグ・カルダモン、シナモン・スティックなど、主婦目線で「残ったらどうすんのよ！」と言いたくなるマニアックな材料をそろえる。フライパンにひいた油にスパイスの香りを移したら、タマネギを投入し、茶色くなるまで炒め続けると、手間も惜しまない。男が厨房に入るからにはお金と時間をかける。趣味を極める、と肩に力が入ったレシピなのである。

そんな趣味の「男の料理」の世界は同誌で今も健在だし、休日に出現する家庭もあるだろう。しかし、10年ほど前から、男性の料理は若い世代を中心にした「男子」の日常に変化してきた。『男子ごはん』と銘打った2008年放送開始のテレビ東京の料理番組では、ケンタロウ、栗原心平と、二世の男性料理研究家が楽し気に総菜を教える。テレビ番組や

ＣＭでも、今や男性が台所に立つ場面は珍しくない。20～30代が、家庭科が男女共修になった時代に育っていることも、男性が料理することに対する抵抗感を弱めただろう。

平成は男性を台所に引き入れ、料理を趣味から日常または義務へ、と変化させた時代だったともいえる。奇しくもテレビ東京では、平成から令和へ移る２０１９年春、よしながふみの人気マンガが原作の男性同性愛カップルの食卓を描く『きのう何食べた？』を放送している。もはや男性が台所にいても、誰も違和感を覚えない。30年はそれだけ大きな変化をもたらしたのである。

『料理の鉄人』革命

１９９３（平成５）年10月10日22時30分。私は職場の仲間たちとホテルの一室にいた。１９９０年代前半の会社員時代、社員旅行で仲良くなった若手独身男女の仲間たちと、よくキャンプなどの旅行に行ったのだ。このときなぜホテルにいたのか、どの町にいたのかさっぱり覚えていないけれど、みんなで固唾を呑んでテレビに見入った記憶は鮮明に残っている。その番組が、『料理の鉄人』（フジテレビ系）初回である。

「これはすごい！」「こんな番組、観たことない」。感動を分かち合ったのは、それがまったく新しいジャンルを切り開く料理番組だったからである。

黒を基調としたスタジオの真ん中に大きな厨房をしつらえ、一流の料理人同士が対決する。中華、フレンチ、和食とそれぞれの達人が、テレビゲームの登場人物よろしく「鉄人」を名乗って、派手な蛍光色の緑や黄の衣装をまとう。目にも鮮やかな包丁さばき、鍋さばき。一つの食材を主役に、制限時間いっぱいにさまざまな料理をつくり上げる手際のよさ。スポーツの試合のような実況中継。「美食アカデミー」主宰という役割で仕切る鹿賀丈史が、「私の記憶が確かならば……」と大仰に解説する。

そんな要素のすべてが、手順をていねいに伝える実用的な料理番組とも、芸能人が名物料理に舌鼓を打つグルメレポートとも違っていて、新しかった。

その後、料理による対決はバラエティ番組の定石となり、『料理の鉄人』の演出家が手掛けた、料理下手な芸能人が食材と格闘する『愛のエプロン』（テレビ朝日系）や、食材を中心にした『どっちの料理ショー』（日本テレビ系）などに引き継がれた。1996（平成8）年から2016（平成28）年まで放送された人気番組『SMAP×SMAP』（フジテレビ系）の料理コーナー「BISTRO SMAP」も、形としては対決している。

番組はその後、アメリカなど海外にも輸出され、類似番組が生まれた。日本で始まった料理対決バラエティは、世界のテレビ番組の一ジャンルにまで発展したのである。

この番組を通して名を上げたシェフ・料理人は多い。鉄人に任命された、和食の道場六三郎、フレンチの石鍋裕、坂井宏行、中華の陳建一。初めてお菓子で鉄人に勝利したパティシエの辻口博啓《ひろのぶ》は、スイーツブームの立役者になった。料理研究家として初登場し、やはり鉄人に勝利した小林カツ代も、男性を含め幅広くその名を知られる希少な料理研究家となった。この番組が、有名になる登竜門としての役割を果たしたのである。

何より、今まで人目につかない厨房で低い地位に甘んじていた料理人たちが、番組を通して、その技術や生きざまを知られ尊敬を集めるようになったことは大きい。その後も料理人に脚光を当てるテレビ番組は続々と誕生し、芸能人並みに有名な人も多くなった。

脚光を浴びることが、料理人たちの意識を変えたのだろうか。最近は、東京で活躍する地方出身の料理人が出身地の食材を使う、あるいはIターンやUターンで産地に店を開き地元の食材を生かした料理をするなど、食を通じて社会貢献しようとする人が目立つ。

また、異種格闘技をイメージしたという『料理の鉄人』では、フレンチ対和食など、ジャンルが異なる料理人同士の対決も見どころの一つだった。フォアグラをポン酢などで和えた、「フォアグラの肝ポン」を考案した道場六三郎などが、ジャンル外の食材を扱う柔軟な発想で応じたことも、料理の進化に役立っただろう。今は和食の料理人が牛肉を使う、フレンチやイタリアンの料理人が和の食材を使う試みも珍しくなくなっている。

消費者の側も大きく変わった。昭和の時代、食べることばかりに関心を持つのは恥ずかしいことだった。しかし、『料理の鉄人』は、料理すること、食べることをエンターテインメントとして楽しむ文化を育て、グルメブームをさらに押し広げた。2000年代以降のテレビは1日中、どこかの局で食を紹介し、誰かが「おいしい！」と叫んでいる。テレビドラマでもレストランなど飲食業が舞台の物語や、食にフィーチャーしたものがふえた。

2007年には『ミシュラン』も上陸。グルメ大国になった日本には、食を目当てに訪れる外国人観光客も多い。私たちの食に対する意識を大きく変え、新しい文化を育てるきっかけをくれた一つが、『料理の鉄人』だったのである。

『夏子の酒』がもたらしたもの

1988年に『モーニング』（講談社）で始まった人気マンガ、『夏子の酒』（尾瀬あきら）を私が読んだのはだいぶ後で、2000年頃のことだった。先に、私と同世代の主人公、夏子の祖母を描いた続編『奈津の蔵』を『モーニング』で連載中に読んでいて、仲間たちから「あれは読んどかなあかんで」と言われていたのが、『夏子の酒』だった。いつか読もうと思っていたから、神保町の古本屋で出合うと大人買いし、喫茶店で読み始めると、あっという間に引き込まれた。

一緒にいた夫から、「もう帰ろうよ」と言われハッとして地下鉄に乗ったが、車内で続きを読み、結局1日で文庫本12巻分を読了してしまった。

同書で酒蔵に興味を持った私は酒造りに関する本を読み漁り、酒蔵を回る取材も企画した。しかし、日本酒は好きだけどアルコールに弱い、という致命的な弱点を持つ私が、蔵で働く人たちに心を開いてもらうことは難しく、結局深入りすることは断念した。

さて、『夏子の酒』は、東京の会社でコピーライター修業をしていた夏子が、兄の早世を受け、村に帰って酒造りに奮闘する物語だ。

兄は死の直前、幻の在来米「龍錦《たつにしき》」を新潟の農業試験場で見つけて持ち帰っていた。昔は地元で育てていたそのコメをふやして酒を仕込むことが、兄の夢だった。その夢を実現させるために夏子は酒蔵に戻ったのだ。

龍錦が村から消えたのは、粒が大きいので倒れやすく、栽培が困難だったからだった。農薬や化学肥料も使えない。当然、地元農家に打診しても栽培を渋られる。ヘリコプターで田んぼに農薬を撒く空散も止めさせなければならない。そんなことを求めれば、慣行農法で作業量を少なく収量を確保し生活してきた、他の農家も巻き込むことになってしまう。

最初の年、夏子は1人で田んぼを借り龍錦を育てる。草取りに励み、台風が襲ってきたとき、雨風の中見回りに飛び出して熱を出す。村の人たちは、酒蔵のお嬢さんがコメの有機栽培を始めた様子を、陰で観ている。噂を聞いたのだろう。独りで有機農業に取り組む「変わり者」も訪ねてくる。「有機農業は一番新しい21世紀の農業だ！　やがて世界を席巻する」と断言するその男をはじめとする仲間を得て、龍錦の栽培が広がっていく。日本酒造りのマンガの前半はたっぷり、戦後のコメづくりと農村のあり方を問う話なのである。

日本で有機農業が注目され始めたのは、機械を導入し、農薬と化学肥料を使う慣行農法が定着した1960年代である。現場では農薬で体を壊す農家が出始めていた。昔ながらの農法を追放したことに疑問を抱く農家もいた。1964（昭和39）年は、アメリカの生物ジャーナリスト、レイチェル・カーソンが農薬問題を告発した『沈黙の春』が翻訳出版された。

当時は高度経済成長のまっただなか。都市にはビルが次々と建ち、農業も近代化が進む。急速な変化のツケが出始めていた頃だった。水俣病、四日市ぜんそく、イタイイタイ病などの公害病が明らかになる。大気汚染や水質汚染の問題がクローズアップされていく。

１９７４年、朝日新聞で始まった連載小説『複合汚染』（有吉佐和子）が、翌年単行本として出版され、ベストセラーとなる。それは農薬や公害が合わさった複合汚染の問題を告発していた。

二つのベストセラーの後押しもあり、有機農業に取り組む農家は少しずつふえていった。食べものの安全性を気にする消費者も出てきた。農家を支援し安全な食べものを手にしたい主婦と農家がつながり、有機栽培は少しずつ広がっていく。学生運動から農業に転じた人たちが、両者をつなぐ組織、「大地を守る会」を設立したのは、１９７５年である。各地の生協も、より安全な食べものの宅配に力を入れた。

１９８０年代後半になると、チェルノブイリ原発事故や、酸性雨など世界的な環境汚染の問題が持ち上がり、都市の人々の環境保護や有機農業への関心が高まっていく。そんな頃、『夏子の酒』の連載は始まった。酒造りや農業に携わる人たちも、酒好き、マンガ好きもこの作品を読んだ。そうして昭和の時代に、一部の人たちによる社会運動的な存在だった有機農業は、支持のすそ野が次第に広がっていくのである。

『食べる通信』とは何か

2013（平成25）年7月、月刊『東北食べる通信』が誕生。その後、『食べる通信』を発行する地域は拡大し、2020年7月現在で北は北海道から南は鹿児島まで、全国41誌にも広がっている。アジアにも拡大し、台湾では4誌もあるほか、中国、韓国、アメリカ、メキシコからも関心が寄せられている。メディアでもすぐ取り上げられ、『AERA』（朝日新聞出版）「現代の肖像」では、2015年3月16日号に日本食べる通信リーグ代表の高橋博之が取り上げられ、2019年2月14日には『カンブリア宮殿』（テレビ東京系）にも本人が出演した。

『食べる通信』とは何なのか。なぜこのようにあっという間に各地に広がり、メディアが注目したのか。

画期的だったのは、それが生産者への取材記事とともに、誌面に登場した食材の一部をサンプル的に届ける「食べもの付き情報誌」であるからだ。流通の難しさから今までなかったしくみが、誕生したのである。同誌をきっかけに、直接生産者へ食材を注文するなど生産者と交流を始める消費者もいる。

メディアが注目したのは、高橋の経歴のユニークさもあるだろう。1974年生まれ、岩手県花巻市出身。大学進学のため上京し、ジャーナリストをめざすが採用してくれる会社がなく、ツテで衆議院議員の秘書になる。結婚後に花巻へ戻り県議会議員に立候補。連日辻立ちして演説を続けた労力が報われ、トップ当選する。

しかし、東日本大震災に遭遇して人生が変わる。これまで議員として農業の現場を歩いて、苦労話を聞き、高齢化問題を見てきた高橋は、津波で被害を受けた漁業者たちも、農家と同様の苦汁をなめてきたことを知る。

生産者の仕事の価値や食べもののおいしさを伝え、都市と漁村・農村をつなげるしくみを模索する高橋は、やがて仲間を得て雑誌創刊に至る。こうした取り組みが実現し、あっという間に賛同者を広げることができたのは、機が熟していたからだ。

今、世界は生産現場への関心を高めている。特に農業の世界で著しいが、有機農業など安全性を重視し健康的に食材を育てようと取り組む生産者がふえ、アメリカその他海外では大きな産業になっている。日本ではその広がりはまだ小さいが、生産現場を伝えるメディアがふえ、関心は高まっている。

東日本大震災で被災した漁業に関心が集まったこともあり、それまで農業に偏っていた生産現場の報道が漁業へとシフトした。少ないながら漁業をめざす若手も出てきた。

消費者の関心が高まったのは、半世紀続いて広がってきた有機農業などへの関心や、人口が急増する世界で資源の枯渇や食糧不足が心配されるようになってきたことも大きい。もっと関心が高いのは、食材の信頼性についてだろう。2000年代、日本ではさまざまな食の事件、事故が相次いだ。老舗メーカーによる食品偽装事件もあった。輸入食材が汚染されていたこともあった。食中毒事件も起こっている。

関心が高まっていたところに、東日本大震災が起きたのである。被災地にあった福島第一原発で事故が起きて放射性物質が拡散され、関東以北の各地で農地や海が汚された。放射性物質は目に見えずニオイもない。しかし、被曝《ひばく》すればどんな障害を受けるかわからない。日本では、第二次世界大戦の広島、長崎への原爆投下により、被爆者の後遺症などの過酷さが語り継がれている。1954年、ビキニ環礁でのアメリカ軍の水爆実験の被害で亡くなった漁業者もいた。とりわけ放射能汚染に敏感な私たちが、足元の原発事故で敏感にならないはずがない。

被災地の生産物を避け、遠くへ移住した人もいる。一方で、生産者たちの苦境が報道され、関心を寄せる人もいる。現状を正確に知ろうと調べる研究者、生産者たちもいる。生産現場はどうなっているのか。何が大変で、何が大切なのか。彼らの苦労や喜びはどこにあるのか。その食べものはどんな味がするのか。

知りたいと思う人がたくさんいたからこそ、『食べる通信』はヒットした。命をつなぐ生産者の取り組みを支えていくのは自分たちである。そういう志を持った消費者たちが、日本にもふえ始めている。

レシピサービスの登場

「クックパッド」はレシピサービスの巨人だ。何しろ、2020年3月時点で国内の月間利用者数は約5800万人にものぼる。日本の人口が約1億2600万人だから、あくまでのべの利用人数とはいえ、半分弱の人が使っている計算になる。まったく料理しない人が大勢いることを考えると、料理する人のほとんどが、クックパッドのレシピを読んでいる。ここまで来ると、インフラのレベルである。

クックパッドのサービスが生まれたのは、1998年。創業者の佐野陽光は、高校時代をアメリカで過ごして帰国したとき、人を笑顔にするおいしい料理の大切さを実感。また、料理すると、自分が何を食べているか把握できるという安心感につながるとも考えた。一方、料理することを負担に感じる人が多い現状にも気づいていた。そこで、大学卒業と同時に起業し、日々の料理を楽しくする目的で、レシピ投稿サイトを立ち上げたのである。

料理は日々つくり食べて消えていく。しかし、家事の中でもクリエイティブで労力がかかる料理のつくり手は、上手にできたらほめて欲しいと願う。会心のできだったら、記録に残したいと思うこともある。そういう願望を叶えるのに、インターネットはぴったりだった。

一方で、「今日のご飯は何にしよう」と悩む人も多い。残った食材の使い道に困ることもある。そんなときに、キーワード一つで欲しい情報を検索することも、インターネットが得意とするところである。特性を存分に生かしたからこそ、クックパッドはレシピのインフラとなれたのだろう。

たいていの人が使っているサイトだから、レシピの流行を読み取ることもできる。家庭によって食卓の中身は異なるが、その中でも世の中と連動した流行はある。それは、メディアが発達した時代の宿命ともいえる。例えばクックパッドでは、2018年放送のNHKの朝ドラ『半分、青い。』で重要な役割を果たす五平餅が、その年の人気になった。

それでも、既存のメディア離れが進んだこの10年は、マスメディア発のヒットレシピは少なくなっているのだという。その間、クックパッドの利用者数は10倍近くに拡大した。

クックパッドから、家庭料理の動向を読み取る信頼性が高くなったと言える。

２０１１年〜２０１２年は塩麹のレシピが、２０１５年は、握らないで具材を挟むおにぎらずの人気が高かった。２０１６年は、コロッケの具材にパン粉を載せてオーブンで焼く、スコップコロッケが流行っている。２０１９年には、表面が真っ黒の濃厚なバスクチーズケーキが流行り、２０２０年前半には、インスタントコーヒーでコーヒーをつくって泡立て、牛乳にのせる韓国発のダルゴナコーヒーが流行った。

日々の料理として人気が高いのは、サラダとパスタだ。パスタなら、クリームパスタやたらこパスタ、和風パスタ、冷製パスタの検索頻度が高い。サラダは、ポテトサラダ、マカロニサラダ、コールスロー。定番が多い印象だ。それは、キーワードで手軽に検索できるインターネットならではかもしれない。

レシピ本を買い、テレビの料理番組を観る。あるいは料理教室に通う学び方と、インターネットで検索するときのモチベーションはおそらく違う。既存の方法は、時間をかけて料理技術を向上させるのに向いている。一方、インターネットは、より切実な今この瞬間の悩み解決に向いている。困ったときに寄り添ってくれる知恵袋なのである。

最近興味深いのは、料理の仕方をシチュエーションによって使い分ける傾向が表れていることだ。

クックパッド株式会社が、利用者の動向からその年の傾向を調査分析する「食トレンド大賞」の2019年の結果は、下味冷凍の肉おかずが大賞を、生食パンが準大賞を受賞。2018年頃から、シンプルで簡単な料理と、手間や時間をかける保存食やごちそうをつくる二極化傾向が出ているそうだ。それはつまり、手間をかける料理も時短料理も、楽しんでつくりたい、という気持ちの表れで、創業の志が利用者に届いている、ということではないか。

クックパッドの歴史は、インターネット普及の歴史でもある。サービスが始まった1998年はインターネットが本格的に使われるようになった時期と重なる。プロの料理研究家や料理人ではなく、一般の人が教え合うこの世界は、昔の井戸端会議のようだ。今、郷土料理として知られている昔ながらの料理が、家庭や地域で情報を伝え合って定番化したものであるように、クックパッドから生まれて定番化する料理もあるのだろう。双方向でフラットなインターネットの特質が、よく見えるサービスなのである。

『孤独のグルメ』の人気ぶり

みなさん、『孤独のグルメ』（テレビ東京系）はご覧になっていましたか？ 私は2012（平成24）年放送のシーズン1から録画しては観続けるファンでした……。2018年6月末にシーズン7が終わってしまったのは本当に残念だった……と思っていたら、2019年10月からシーズン8が始まり、大喜びで録画予約をセットした。私のようなファンは、きっとたくさんいるだろう。何しろこの番組は、2010年代の食シーンを象徴するドラマだったから。

放送時間帯は午前0時台と深夜なのに、主演の松重豊が食べる場面は食欲をそそり、「飯テロ番組」との異名を取った。松重豊は、食べもののCMによく出演するようになった。紹介された店は、その後行列ができるなど、さまざまな逸話も誕生している。

1話完結の物語は、フリーの輸入雑貨商の井之頭五郎（松重豊）が、首都圏を中心に全国各地に赴いて商談をしたのち、お腹が空いて店を探し、独りでおいしい食事を満喫するというだけの短い話だ。行先は郊外など、どちらかといえば地味めな町が中心で、五郎には土地勘がない。しかし、「落ち着け！」と言い聞かせながら毎回自分が何を食べたいのかよく考え、勘を働かせて求める店を見つけ出す。商談相手がめんどくさいなど、ストレスのため「猛烈に腹が空いている」設定で、下戸なので2人前や3人前の料理を頼んで平らげてしまう。

例えば、東急東横線・中目黒の沖縄料理店で、ソーキそばとアグー豚の天然塩焼きやタコライスなどを食べる。静岡県・河津町の食堂で生ワサビ付わさび丼を味わう。山手線・高田馬場のミャンマー料理店で、シャン族の豚高菜漬け炒めと牛スープそばを食べる。地下鉄副都心線・小竹向原のベーカリーカフェで、ローストポークサンドイッチとサルシッチャを堪能する。肉の出現率は高いが、和食に洋食、アジア飯などジャンルは幅広い。辛いものも得意なようで、ブータンの激辛料理に挑戦したり、四川料理を楽しむときもある。

番組が人気になったのは、松重豊の姿勢がよく、清潔感を漂わせながらおいしそうにパクパク食べるところにもあったのだろう。しかし、最大の魅力は井之頭五郎という独身を貫くキャラクターが、あえて「誰にも邪魔されず」独りで食べる楽しみに没頭するところにある。そしてその設定こそが、2010年代らしいのである。

『孤独のグルメ』はもともと、1994年〜1996年に『PANJA』（扶桑社）で連載されたマンガだ。久住昌之原作、谷口ジロー作画。20年も経って再発見され、ヒットしたのは、作品世界が時代にぴったり合っていたからと言える。

なぜ2010年代的かは、1983（昭和58）年から連載が始まり、平成にかけて一世を風靡《ふうび》したマンガ『美味しんぼ』と比較するとよくわかる。「究極のメニュー」制作のために料理を探求する『美味しんぼ』は、高級料理や貴重な食材を使った料理が目立ち、流行したうんちくも美食を食べつくした人々のもので、啓発的な要素が強い。表層的なグルメブームに対する批判として始まった物語では、ジャーナリスティックな視点から食の背景も紹介する。毎回、何らかの問題を抱えた人が登場し、食で解決するウエスタン的な要素もある。

一方、『孤独のグルメ』で井之頭五郎が行くのは、町にひっそりある庶民的な、しかし真摯に仕事に取り組む店だ。味についての感想は五郎の心の声として紹介されるが、ダジャレを含めたそのセリフは、「焼き肉は順序だ。頼む順番で勝敗が決まる」といったおいしいもの好きな男性なら言いそうなふつうのセリフである。庶民派グルメのドラマが成立するのは、『美味しんぼ』開始から30年以上経ち、特に東京が世界に冠たるグルメ都市として成長したことが大きい。

最大のポイントは、五郎が一人飯を満喫する点にある。2006年に放送された連続ドラマ『結婚できない男』（フジテレビ系）では、主役の阿部寛が一人焼き肉をする場面で、こっそり見ていた夏川結衣らが気持ち悪がる場面がある。「おひとり様」という言葉が広まったこの頃は、シングルの市民権がようやくできたばかりだったと言える。

しかし、五郎は一人鍋も一人焼き肉も自然体でこなす。10年ですっかり時代は変わり、シングルが1人を楽しむ姿が町になじむようになった。家族がいる人も生活時間帯が揃わず、職場での食事時間もまちまちなところが多くなり、日常生活の中で1人で食べる場面は珍しいものではなくなったのである。とはいえ、わざわざ「孤独の」としたタイトルがウケるのは、そうはいっても、1人が楽しいことをあえて主張しなければならないからでもある。

シングル化が進んだ平成は、一人飯が楽しいものだと発見するところまで至った。令和の時代の食卓は、どんな風景が当たり前になるのだろうか。

「インスタ映え」が意味するものは?

「インスタ映え」という言葉がユーキャン新語・流行語大賞の年間大賞に選ばれたのは、2017年である。この言葉は、SNS用の写真編集に便利なアプリケーション、インスタグラムに投稿したいと思わせる、ビジュアル的に目立つ被写体を指す。

食の分野では2017年、インスタ映えを狙った商品を投入する企業が目立った。お中元商品としてご当地キャラのくまモンのハンバーガーセットを販売した髙島屋は、翌年のおせち料理にウルトラマンシリーズをテーマにした商品を用意した。

2018年には原宿で韓国発のレインボーチーズトーストが発売された。2枚のトーストで挟んだチーズが、赤、黄、緑、青などにカラフルに色づけされている。同じく韓国発のかき氷も、まるでケーキみたいにトッピングが華やか。ほおばるのが難しそうな、具材をたっぷり挟んだサンドイッチも人気だ。

実際、見た目が派手な料理が運ばれてくると、スマートフォンで撮影する人は少なくない。飲食店で料理が運ばれてくると、撮影会が始まること自体、すっかり日常の光景になった。

2014年頃には、ほかの客の食べる気分や店側の感情を害すると批判され、「フードポルノ」とも言われた。しかし撮る人がふえ、SNSに投稿されると宣伝になることもあり、今では多くの飲食店で特に許可を求めず撮影する人たちがいる。かくいう私も、珍しい料理を食べるときは備忘録として撮り投稿もするので、雰囲気が変わっていったことを体感している。

投稿のために撮影する人の姿は、投稿する際の操作が簡単なｉＰｈｏｎｅが日本で発売された２００８年以降、飲食店に限らず街角のいたるところで見られるようになった。時代は変わったものだと思う。

平成の初め、家電メーカーの販売促進ツールを請け負う会社で働いていた私は、小型フィルムカメラを手に家電量販店へよく出かけた。隠し撮りのコツは、お腹のあたりにカメラを構えて、ファインダーをのぞくことなく目の前の棚を撮ること。プリントした店頭ＰＯＰの写真は、得意先に資料として提出するのである。今、出版関係者が多い私のＳＮＳタイムラインには、刊行したばかりの本が並んだ書店の棚の写真をいろいろな人が投稿している。もはや店頭は、断りさえ入れれば堂々と撮影できる場所になっている。

美術館でも撮影できる作品を明示し、わざわざ撮影コーナーまでつくるところがふえている。飲食店と同じく、むしろ撮って投稿してくれれば、宣伝になるからだ。モノにもよるが、今は隠すより公開するほうが得るものが大きい時代になっているのだ。

料理写真の投稿は、たやすく日記やレシピを公開できるブログと、デジタルカメラが広まった２０００年代半ば頃からふえていて、それで起きた流行がキャラ弁だった。

「日本人は料理を目で食べる」という言い回しがある。料理の見た目を気にする傾向は、神社で奉納する神饌《しんせん》がビジュアル重視だったからなどと言われるが、はっきりした起源はわからない。日本料理では、美しく型抜きした麩《ふ》や飾り切りした野菜などが盛りつけられて出てくることが多い。また、どんな器にどのように盛りつけるかも重視されてきた。おせち料理も彩りが重視され、紅白のかまぼこや赤い色のエビ、金時ニンジンが料理を華やかに見せる。

ビジュアル重視の傾向は、料理メディアが発達しカラー化が進んだ昭和半ば以降に加速した。雑誌のグラビアやテレビ画面で映えるのは、彩りも豊かな料理が美しく盛りつけられた皿だろう。

スマートフォンが普及してフェイスブックやインスタを利用する人がふえた2010年代、在来野菜や新野菜が流行るようになった。紅色が鮮やかなカブや大根、紫や黄色のニンジンなどがそれで、サラダなどを華やかに彩る。最近人気のビーツも、スープなどを華やかな紫色に染め上げる。見た目の美しさで、食欲をそそるのだ。

インスタがなかった遠い昔からインスタ映えを求めてきたとも言えるこの国は、流行の移り変わりが激しい傾向もある。キャラ弁が定着しつつも数年で過激さをひそめたように、インスタ映え狙いの商品も最近はへってきた。そして、実質重視の弁当、「地味弁」、地味な料理がフィーチャーされる。こうして私たちは、エンターテインメント化と日常を行き来しつつ生活を楽しみ、目新しい流行を物色し続けている。

第2章　グルメが定着していく時代

デパ地下ブーム

「デパ地下」という言葉を最初に使ったのは、おそらく『Ｈａｎａｋｏ』である。創刊当時、百貨店特集をくり返し組んでいた同誌は、１９８８年6月23日号で「ひとりの食卓を個食で楽しく飾ろう。デパ地下〝個食パック〟セレクション」と銘打った記事を出している。

避けるべきもの、解決すべき問題として扱われがちな「個食」がポジティブに使われているのは、バブル絶頂期だったからだろう。若い世代を中心に、家族や結婚という「しがらみ」から自由になることが歓迎すべき新しいこと、というムードが漂っていた。子どもがいない共働き夫婦は、ＤＩＮＫＳとかっこよく呼ばれていたし、一世を風靡したトレンディドラマも、結婚を明示しないハッピーエンドをたくさん送り出していた。

さて、デパ地下である。この言葉が盛んにメディアで使われて定着したのは、２０００（平成12）年に、東京・渋谷の東急東横店がリニューアルして地下の食品売り場に力を入れ、「東急フードショー」と打ち出してからである。

しかし、デパ地下人気は平成の初め頃から徐々に広まっていた。それは、フルタイムで働く女性がふえたことがきっかけである。昭和の時代は、既婚女性の中心が専業主婦だったが、1990年代に雇用者の割合がふえて専業主婦を追い越した結果、働く女性が中心になる。

フルタイムで仕事すれば、帰る時間は遅くなる。地元スーパーの閉店時間に間に合わないから、と都心で働く女性たちが、デパ地下で食材を買って帰るようになった。そこへ百貨店側の変化が起きる。

今や定番となったサラダ売り場。素材を何種類も使ったカラフルなサラダを並べるRF1が登場したのは1992年。1990年代後半になると、百貨店が食品売り場に力を入れ始める。まず、大阪・梅田の阪神百貨店がデパ地下のリニューアルを行った。店を入れ替え、レイアウトを変えて、実演販売に力を入れる。

バイヤーたちが全国から「おいしい」と思う店に依頼したテナントが集合した阪神のデパ地下は人気となり、メディアも注目する。当時大阪に住んでいた私も、テレビで何度も阪神の地下食品売り場が取り上げられる番組を観ている。その情報につられて、人気の筆頭、イカ焼きと神戸コロッケを買いに走ったこともあった。

阪神百貨店は、関西で随一のブランド力を誇る阪急百貨店とともに、梅田の一等地にある。『日本一の「デパ地下」を作った男』（巽尚之、集英社インターナショナル）によると、デパ地下リニューアルを成功させた当時の社長、三枝輝行氏は、入社以来ずっと、阪急に負けない売り場づくりに力を入れてきたという。

東急百貨店も、いきなりリニューアルしたのではなく、1996年頃にまず、生鮮食品売り場のテコ入れを行っている。使う側が変わり、売り場が変わり始めていたところに行った大胆なリニューアルだったから、大きなブームになったというわけなのだ。

東急東横店、伊勢丹新宿本店、三越銀座店、大丸各店、阪神、うめだ阪急の地下は、誘惑に満ちた空間として人気になった。洋服が売れにくくなり、世界の百貨店が消えていく時代、日本の百貨店は、デパ地下が経営を支えたのだろう。

特にここ数年、私は大阪で阪急や阪神のデパ地下を巡るたびに、わくわくする。阪急は照明がキラキラと輝いていて幸せな気分に包まれる。ショーケースの料理も魅力的だ。おしゃれな阪急に対し、阪神はアジアの市場のようだ。先の本によると、台湾の夜市をめざしたのだという。社長は交代しているが、「食の阪神、ここにあり」といった風情だ。

デパ地下は、旅先で個店を巡る余裕がないときに、手っ取り早くおみやげを買える場所としても重宝する。どうか、これからもおいしいものを発掘し、幸せな空間を保ち続けていって欲しい。

生春巻きが大人気

１９９０年代後半、私はベトナムが気になっていた。何しろ友人の１人がベトナムにハマり、くり返し通うようになっていた。「ベトナム雑貨がかわいい」という噂も、あちこちで聞いた。そんなある日、神戸の友人が「六甲アイランドにベトナム料理店があるんだって。行かへん?」と誘ってくれたのである。

２人で張り切って出かけたものの、彼女が調べた住所のビルに、ベトナム料理の店はなかった。周囲のビルにもない。スマートフォンもなかった当時、唯一の手がかりに裏切られた私たちは、断念せざるを得なかった。

それからしばらくして、東京に住む現在の夫と会った折、連れて行ってくれたのが、当時は銀座１丁目のビルの地下にあったベトナム料理店「サイゴン」の支店だった。

彼のおすすめは、蒸し春巻きと生春巻き。どちらもライスペーパーを使った白さが目を引いた。黄色がかった透明なソースにつけながら食べる。さっぱりしていてサラダみたいな生春巻きと、モチモチした食感で冷ましながら食べる、ミンチがいっぱい入った蒸し春巻き。どちらも洗練されていておいしく、「これがベトナム料理かあ」と感慨にふけったものだった。

2000年代前半、生春巻きからベトナム料理のブーム

辛さが注目されたタイ料理に対し、ベトナム料理はマイルドな味が日本人に合った

ベトナムブームが始まったのは1990年代後半。1980年代後半からタイ料理やインド料理がけん引する「エスニック料理」ブームは始まっていたが、ベトナム料理店は数も少なかったのか、影は薄かった。

ブームのきっかけは1994年にJAL、ベトナム航空の大阪―ホーチミンの直行便ができ、情報がふえたこと。くり返し「エスニック料理」ブームを紹介してきた『Hanako』が、ベトナム特集を組んだのが同年4月13日号。そして翌年、有元葉子のレシピ本『わたしのベトナム料理』（柴田書店）が発売される。

当時ベトナムにハマっていた有元は、雑誌などで働く仲間も連れて何度もベトナムを訪問して魅力を紹介しており、各誌がベトナム特集を組んだ。雑貨から始まったブームはやがて、料理へとシフトしていく。

先に人気が出たタイ料理は当時、特に辛さが注目されており、ココナッツミルクやハーブを使うなど、日本にそれまでなかった味が人気だった。しかし、隣国のベトナムの料理は、長い間支配を受けてきた中国や、植民地支配を行ったフランスの影響を受けた食文化で一味違う。コメの麺を使う、パクチーやホーリーバジル、レモングラスなど生のハーブを多用する、魚醤《ぎょしょう》やエビをよく使う点はタイ料理と共通しているが、マイルドな味わいが、日本人には食べやすい。

大きなブームになったきっかけは、デパ地下ブームの中心にあった東急フードショーに、ベトナム料理の店があったことだ。それはあの「サイゴン」で、生春巻きは看板メニューだった。

今だったら「インスタ映え」と言われそうなビジュアルの生春巻きに加え、コメの白い麺を、滋味あふれるスープに入れたフォーも新しい味だった。ラーメンともうどんとも異なり、さっぱりした食感の平打ち麺。トッピングの牛肉や鶏肉に、パクチーなどの野菜類。並べてみて気がついた。米粉を使ったこの二つの料理は、野菜の存在感が強く、ビジュアル的にも華やかで、女性好みなのだ。デパ地下の顧客は女性が中心。ヒットするはずである。こうしてそれまであまり知られていなかった二つの料理を筆頭に、ベトナム料理の人気が高まり、やがて定着していった。

私が初めてベトナム料理を食べてから20年あまり。最近は、ほかの店でベトナム料理を食べることもあるが、夫のお気に入りは、今でも「サイゴン」である。「安くてうまい。誰を連れてきても喜んでくれる。間違いがない」と言い、たまに出かけては、蒸し春巻きと生春巻き、焼きそばなどを注文する。そんな風にベトナム料理が日常の食事になるなんて、六甲アイランドで途方に暮れた私には、思いもよらなかったなあ……。

2度目の韓国料理ブーム

2010年代終わりから、日本には3度目の韓流ブームが来て、コリアンタウンとして有名な東京・山手線の新大久保駅は、週末に入場が制限されることがあったほど混雑するようになっていた。最初の韓流ブームが来た2000年代前半にも、新大久保の町は女性たちであふれていたが、その頃は駅から自由に出入りできないほどではなかったと思う。

ヒートアップしたのは、TWICEなどのアイドルグループの人気から始まった、若い世代が主導したブームだからかもしれない。また、新大久保は、本格的なアジア圏の飲食店や食材店が充実した町でもある。ほかの国の料理が目当ての人もいるだろう。

ところでブームは3度目なのにタイトルが2度目なのは、少女時代、東方神起などのミュージシャンたちが人気になった２０１０年頃は、特に料理が注目されなかったからだ。その意味で、2度目のブームは広がりが少なかったと言えるかもしれない。

最初のブームと今のブームの食の違いを比べると、時代の変化がわかる。最初のブームはきっかけが三つあった。一つ目は、２００２年にサッカーの日韓ワールドカップ共催があり、韓国や韓国文化への関心が高まったこと。日本の一次リーグ突破という快挙もあり、盛り上がっていたところへ２００３年、ＮＨＫのＢＳ２（当時）で運命的な悲恋を描いた連続ドラマ『冬のソナタ』の放送が大ヒット。三つ目が、２００４年に『宮廷女官チャングムの誓い』（ＮＨＫ ＢＳ２）がヒットしたこと。こちらは、李氏朝鮮時代の宮廷で料理を担当した女官が主役。その料理の描写に注目が集まった。どちらの番組も人気を受けて、地上波でも放送されている。

ＮＨＫの『きょうの料理』は、くり返し韓国料理を特集。巷《ちまた》でも韓国料理が流行った。それまで日本で知られていた韓国の食文化といえば、焼き肉にキムチぐらい。それがブームの結果、ビビンバ、冷麺、チヂミ、サムゲタン、ナムルその他さまざまな韓国料理が知られるようになった。

『宮廷女官チャングムの誓い』が、薬食同源を重んじる料理をたくさん紹介していたこともあり、韓国料理はヘルシーというイメージが広がった。意外に辛くない料理が多く、野菜をたくさん使っていて食べやすい。

羽田―ソウル間のフライト時間が2時間あまりと、国内並みに近いこともあり、噂では週末に韓国へ飛び、食材を買い出しする人も多かったらしい。

今回のブームは、平成が終わる2018年頃から火がついた。女子高生などの間で韓国風の化粧やファッションが流行り、やがて小説やドラマへも広がり、幅広い世代を巻き込んだ。人気の料理は、肉野菜炒めにピザ用チーズをのせたチーズタッカルビ、韓国版アメリカン・ドッグで中にチーズを入れたチーズドッグ。また、牛乳を混ぜた氷を細かく削り、きな粉やココアなどをまぶしてケーキのようにデコレーションした韓国式かき氷などだ。

並べてみると、今回ブームになっている料理はいかにも10代にウケそうな、カロリーが高くビジュアル重視の傾向が強いことがわかる。流行が日本にも飛び火する。そのぐらい韓国は近い国になっているのだと思うと、隔世の感がある。

私が子どもだった1970年代、韓国は独裁政権下にあり、日本に来た政治家の金大中が拉致されるなど不穏な事件もあった。もちろん今も、韓国とは領土問題や従軍慰安婦問題などで政治的な火種を抱えている。残念な嫌韓ブームもある。しかし、こんな風に20年の間に3度もブームが起き、行き来も活発になった。「近くて遠い国」と言われた時代は遠ざかったのではないだろうか。

2019年、日韓関係はあまりよくなかったが、訪日外国人数で韓国は中国に続いて2位。1年間で約558万人にもなる。一方、日本人の渡航先は、2018年のトップが韓国で、約295万人。行き来がトップレベルの国なのだ。さらに新旧の在住者たちがいる。韓国では日本式のパン屋がブームになった。日本では韓国の若者に人気の食べものがヒットしている。私たちはもう固い友情で結ばれているのではないだろうか。

「チキンライス」で思い浮かべるのは？

2015年に、『週刊朝日』（朝日新聞出版）から取材された。それはチキンライスを追いかけるコラム連載に関してで、「なぜ昭和のチキンライスは廃れたのか？」を問う内容だった。記者の男性がその企画を立ち上げたのは、娘とチキンライスの話題になったときに、イメージする料理が違うことを発見したからだという。

彼が思い浮かべるのは、昭和時代に流行った、ご飯に細切れの鶏肉、みじん切りしたタマネギ、缶詰のマッシュルーム、冷凍または缶詰のグリンピースなどを入れて炒めたご飯を、ケチャップで味つけしたもの。ご存じない方は、オムライスの中身だと思っていただきたい。

ところが、年頃と思しき彼のお嬢さんが思い浮かべたのは、海南チキンライスとも呼ばれ、ジャスミンライスに茹《ゆ》で鶏のスライスを載せたものだった。シンガポール、マレーシアなど東南アジアの料理の一つとして、日本で2010年代半ば頃から流行している。

二つの料理の違いは、昭和と平成の違いにも通じる。昭和のチキンライスは、高度経済成長期頃から流行った洋食ルーツの料理。ケチャップを使うところがいかにも昭和だ。あの頃、日本人にとってトマトソースやトマト缶はなじみがなく、トマト味といえば、ケチャップかトマトジュースを使うものだった。

昭和の時代、トマトケチャップを使った料理は多かった。オムライスももちろんその一つだし、2000年頃からリバイバルしたナポリタンも、スパゲッティミートソースも、トマトケチャップで赤く染まっていた。ハンバーグのソースもトマトケチャップとウスターソースを混ぜたもの。ウスターソースも、洋食らしくするためのアイテムだった。ウスターソースで煮込んだ肉、ウスターソース炒めなどのほか、カレーにかける人もいた。

なぜこの二つのソースが大活躍したかといえば、その二つが当時の日本人にとってスパイシーかつ洋風味にする調味料だったからだ。もちろんカレー粉やカレールウもあるが、それを使うとカレー味になってしまうので、洋風というイメージからは遠くなる。ウスターソースとケチャップは、スパイスが使われているが、味わいはマイルド。そのマイルドさが、スパイス慣れしていない日本人にちょうどよかったのだ。

その嗜好《しこう》が変化し始めたきっかけが、1980年代半ばから始まった「エスニック」料理ブームだった。「エスニック」とは「その他」というニュアンスでそのときどきで指す領域が変わってしまうので、私は『パクチーとアジア飯』（中央公論新社）を書いたときに、日本で流行って定着したアジアの料理を「アジア飯」と呼ぶことにした。

タイ料理やインド料理などのアジア飯の流行は、昭和の終わりから1990年代まで続き、その後単発でベトナム料理、韓国料理が流行った。再びブームが来たのは、2010年代半ば頃から。アジアからの移民が急激にふえ、西葛西のインド人街、西川口や北池袋のチャイナタウン、神奈川・いちょう団地のベトナム人街など、あちこちにアジア人のコミュニティができた。故郷の味を求める彼らを相手に、独自の調味料やハーブを使う本格派のアジア飯の店ができた。日本人がそれらの店に好んで行くようになったのは、現地を知る人や、特有の味に慣れたアジア飯好きが多くなったからだろう。特に人気だった料理の一つに、海南チキンライスはあった。

タイ米の独特の香りは平成の初め、「くさい」と嫌われていた。コメ不足を補うために大量にタイから輸入されたときは、捨てられて社会問題になったほどである。しかし今、若い世代を中心に、チキンライスは「おいしい」「ヘルシー」と愛されている。アジア飯ブームで始まり、アジア飯ブームで終わった平成時代は、チキンライスの世代交代をもたらした。そのことは、いつのまにか私たちの味覚の幅が広がっていたことに、気づかせてくれるのである。

スパイスカレーの誕生

『ｄａｎｃｙｕ』２０１８年９月号のカレー特集のタイトルは「スパイスカレー　新・国民食宣言」。大阪で生まれたスパイスカレーが、東京にも広がったことを伝える内容だった。私も『パクチーとアジア飯』執筆に際して大阪で何回か食べたとき、「これは新しい日本のスタンダードになるかもしれない」と感じていた。

そんな画期的なスパイスカレーとは何か。カレーはそもそもスパイシーなものではないのか。どこがルーツなのか。食べたことがない人にとっては、謎だらけかもしれない。

スパイスカレーは、店によって異なる独自のスパイスの扱い方に特徴がある。私が食べたものはどれも、複雑な味わいがありつつ、あっさりしていた。それは、どろりとしたふつうのカレーライスのような、小麦粉のルウが入っていないからだろう。『関西のスパイスカレーのつくりかた』（ｅｏグルメ編集部、ＬＬＣインセクツ）にも、小麦粉が入ったレシピは皆無だ。それから、基本的にご飯を合わせる。

同書を見ると、和の要素が入っているカレーが多い。梅干し、昆布、白味噌、鯛のアラ、酒かすなどが使われている。中華との融合もある。「梵平《ぼんべい》」という店が考案した「白身魚とホウレン草の四川風スパイスカレー」は、一味唐辛子と花椒《ホアジャオ》を加える。こうしたフュージョンのカレーは明治時代に入ってきた西洋料理が、ご飯に合う洋食に進化したことに似ていて、今の日本人が安心するスパイシーさを持った「和食カレー」になっている。

スパイスカレーは、１９９２年に大阪・ミナミにカレー屋「カシミール」ができたことで、産声を上げた。世紀の変わり目頃からほかの店ができ始め、２００８年に関西のグルメ情報誌『あまから手帖』（クリエテ関西）8月号が、その後『dancyu』が2011年8月号など数回紹介した後、2010年代後半になってブームになった。

今は北浜に移転した「カシミール」をはじめ、ミュージシャンが始めた店が多いこと、飲食店の休憩時間に間借りし、サイドビジネスとして開業する店主が多いことなど、成り立ちにも特徴がある。好きが高じた店主が多いせいか、どことなく文化の香りがする。

「間借りカレー」は最近ちょっとした流行りで、東京でも2015年頃からふえてきた。開業資金が少なくて済むし、本業とは別に店を持つやり方はリスクが少ない。厳しい時代だからこそ、好きなことを追求して自分らしく生きたい人もいるだろう。そういう新しい働き方が、主要な大企業が東京に本社を移してしまい、不況が深刻な大阪で始まった点が示唆的だ。スパイスカレーは、平成の経済構造の問題を体現するとともに、それでも生きる人間のたくましさを感じさせる。

流行するのは、時代に合っていたからだろう。スパイスの味に慣れ、昭和のカレーライスでは刺激が足りないと思う人たちの好みに合う。小麦粉のルウは重たい、と思う感性にもちょうどいい。私たちがよく知るカレーライスは昭和の初めに流行し、昭和が終わる頃にはなつかしい「おふくろの味」になっていた。その意味で、「昭和カレー」とも呼べる。

対して、平成の初めに生まれ、平成の終わりに全国に広まったスパイスカレーは、「平成カレー」ではないか。

なぜ大阪で誕生したか、という点についてくわしくは『パクチーとアジア飯』で書いたので、ここであまり深掘りはしない。一つだけ関西出身者としてあげたい理由は、大阪人はオリジナリティを発揮することが好き、という点だ。

冗談が好きで、面白くなるなら虚実入り混じった話も平気でする大阪人。何かがすばらしいと説明するのに「俺の中では一番やねん」と言うことがある。スパイスカレーも、正統派インドカレーやスリランカカレーなどとは違う、独自のつくり方をしている。

店主たちが、「俺の中では一番おいしい」味を追求した趣味のようなライフワークのような、あるいは生き方そのもののようなカレーが、スパイスカレーだったのではないか。本物でも正統でもなくていい。それより、自分が考案したオリジナルで最高においしいものを提供して、人が喜ぶ顔が見たい。そういう気持ちの集合体が生んだカレーが、広がろうとしている。新しい文化は、異文化と接触したとき、それから逆境に置かれたときに生まれる。両方の要素を持つスパイスカレーはきっと、人に厳しかった平成の時代が生み出した、新しい食文化なのである。

ゴーヤーが注目された理由

私が初めて沖縄料理と出合ったのは1991年3月。湾岸戦争の勃発でヨーロッパへの大学卒業旅行を断念し、替わりに石垣島へ行ったときのことである。印象深いのは、ピーナツ粉を使い、ねっとりした食感と甘さが特徴のジーマミー豆腐、シコシコした麺の食感とスープが味わい深いソーキそば。それから、ガイドブックに載っていた牛タン店の牛の血を使ったスープだった。

「沖縄料理は、珍しくておいしい！」と感動した私は、2年後、今度は沖縄本島へ旅行した。国際通り沿いの店で食べたソーキそばは、石垣島で食べたものと違って雑な味がしたが、第一牧志公設市場で注文した色鮮やかな魚の料理は、どれもとてもおいしかった。

2回とも食べなかったのが、ゴーヤーチャンプルーだった。私が住んでいた関西では、ニガウリ（ゴーヤー）は珍しくなかったが、とにかく苦いイメージが強く、手を出すことをためらったのである。しかし、東京に移り住んだ2000年代初頭に沖縄へ行った折、現地で「苦いゴーヤーもあるけど、そうでもないのもあるよ」とすすめられてゴーヤーチャンプルーに初挑戦。すると、苦みはアクセント程度であることがわかる。島豆腐や卵などとのコンビネーションが気に入り、家でももどき料理みたいなゴーヤーチャンプルーをつくって食べるようになった。

もともとゴーヤーになじみがなかった東京で、私がゴーヤーチャンプルーをつくれたのは、沖縄ブームが到来してゴーヤーを手に入れやすくなったおかげである。

私が沖縄へ行き始めた1990年代、「沖縄＝基地の町、罪悪感なしでは関われない場所」もしくは、バブル期に旅行社のキャンペーンなどで生まれた「ビーチリゾート」というイメージしかなかった。

しかし、1999年に映画『ナビィの恋』がヒットし、2001年のNHKの朝ドラ『ちゅらさん』が大ヒットしたことで、流れが大きく変わった。2000年には九州・沖縄サミットが沖縄本島で開かれ、2000円札が発行されている。沖縄は、注目の土地となったのである。

『ちゅらさん』がよかったのは、基地も戦争もリゾートも登場しないことである。「大丈夫だよ」といった意味を表す沖縄言葉の「なんくるないさ」を連発するおばぁ（平良《たいら》とみ）。ことあるごとに三線を弾き、仕事はサボってばかりの父（堺正章）など、脇を固める個性豊かな登場人物たち。沖縄にもふつうの暮らしがあり、それはしかしほかの地域とは異なる文化の色合いがあり、いたわり合う優しい人たちがいる。そういうイメージが広まって一気に親しみやすくなった。そして、メディアで盛んに紹介された沖縄の食文化や食材は、長寿の秘訣《ひけつ》だということが売りだった。

東京のわが家の近くのスーパーで、「レイシ」という鹿児島の呼び方でひっそり売られていたニガウリが、「ゴーヤー」の名前で、夏場の定番野菜として山積みされるようになったのは、このドラマでゴーヤーチャンプルーとゴーヤーが脚光を浴びたからだろう。ドラマで主人公の兄恵尚《けいしょう》（ガレッジセール・ゴリ）が売り出そうともくろむキャラクター人形、ゴーヤーマンは、商売として大失敗。しかし、現実の世界で売られたゴーヤーマングッズは飛ぶように売れ、品切れが続出して、週刊誌にも取り上げられた。

今や東京をはじめ、各地に沖縄料理の店があり、私たちは気軽にゴーヤーチャンプルーやソーキそばを楽しむことができる。テレビ番組の影響で、ツナ缶を常備すること、ソーメンもソーメンチャンプルーとして炒めものに使うこと、ケンタッキーフライドチキンがハレの日の食事として楽しまれることなど、観光用以外の沖縄食文化の情報もふえた。

暮らしを知る、食文化に接することの力は大きい。誰でも何かを食べ、日常を送るからだ。その当たり前を発見することは、異なる背景を持つ人も仲間と認め、距離を縮める第一歩となるのである。

空弁の登場

今や空港で売られる「空弁《そらべん》」は、すっかり定着した。その人気が出始めた2004年初め、私は羽田空港と新千歳空港の空弁を取材していた。羽田では当時、福井の焼きサバずしが人気で、もちろんそれも紹介した。サバの弁当といえばしめサバのすしぐらいしか知られていなかった頃。2002年12月から売り出したそのすしが口コミで広まった、と書いている。ていねいにつくる生産者の物語がテレビなどで紹介されたこともあり、売り切れが続出していた頃だった。

印象深かったのは、新千歳空港に行ったときで、それはひどい鼻風邪を引いていたからだ。せっかく北海道まで来ながら、ついでに札幌へ遊びに行くこともできず、空港直結のホテルで寝るしかなかったからだ。

翌朝、何とか体調を取り戻して取材に臨む。北海道を代表する海産物の店、佐藤水産で撮影後にいただいたウニ、イクラ、カニがたっぷり載った「極上三色ちらし」のおいしかったこと！　パクパク食べられたのは、体が回復途上にあったからかもしれない。当たりはずれが多いウニの上等なものを、あんなにたくさん食べたのは、あのときだけだ。さっぱりしているのに濃厚で、確かにこれは高級品と感じる。ウニを気軽に食べている、という北東北と北海道の人が本当にうらやましかった。

佐藤水産は新千歳空港内に大きな支店を構える。合成添加物を使わない良質なものだけを扱うからか、商品は高い。でも、その品質へのこだわりを聞いて以来、北海道へ行くたびにルイベとか、ちょっとしたものを買うようになった。高品質なだけあって、確かにおいしいのである。

空弁が2000年代初めに登場したのは、航空会社の国内線が機内食を出さなくなったからである。昔は飛行機に乗るのは贅沢だったが、時代が進むにつれて状況が変わった。1998年にはスカイマークエアラインズ（現スカイマーク）とエア・ドゥが参入し、日本でもLCC（格安航空会社）の時代が始まる。また、羽田―新千歳空港間など、ビジネス客が多い区間は、1時間に1本以上の運航もあるなど、すっかり気軽に乗れる時代になった。

日常の足となった飛行機に、機内食サービスはなじまないのかもしれない。そういえば、2000年には新幹線の食堂車も廃止されている。出張するビジネスマンもふえ、旅自体が特別な体験でなくなったのが21世紀なのか。食堂車がなくなった5年後、埼玉・大宮と東京・品川にエキュートが誕生してエキナカ時代が始まり、改札の内でも外でも和洋中さまざまな弁当を売る店がふえた。規模は小さいが、空弁も同じことである。公共の要素を持つ交通機関の食事サービスの廃止が、民間による弁当ビジネスの花を開かせた。高速道路のサービスエリアの弁当も、速弁《はやべん》と呼ばれて人気である。

弁当ビジネス花盛りの背景を、昭和時代までさかのぼって考えれば、旅行の際に家庭で弁当を用意する習慣が廃れたからだと気がつく。

昔は外食できる店があるエリアが限られていたことや、女性に主婦が多く毎日料理をするのが当たり前だったことから、遊びに行くときも弁当をつくる人は多かった。わが家も、旅行やピクニック、遊園地に行くときなど、母が必ずおにぎりと卵焼きなどの弁当をこしらえ、大型の水筒のお茶とともに、家族で広げたものである。

昭和の後半、働く女性の増加とともに、弁当はつくるものから買うものへと変化していく。おにぎりが人気商品のコンビニが登場し、スーパーでも弁当その他の総菜コーナーが充実し、デパ地下ブームもやってくる。外食店も充実していく。そういう風土があるから、機内食サービスがなくなるとすぐに、空弁が登場してブームとなったのである。

ただ、空弁は飛行機の座席についたテーブルが小さい、という名目で小ぶりにつくられているのが個人的には残念である。わりと量を食べる私には、1人前の食事としては物足りない。かといって2人前は多すぎる。この中途半端な量とどう折り合いをつけるか。たまの出張のたびに考えあぐねている。

赤身肉に注目

日本人にとって牛肉のごちそうナンバーワンといえば、長らくしゃぶしゃぶかすき焼きだった。その魅力は何といっても、たっぷりのサシ、つまり脂肪が多くて柔らかいこと。牛肉の品質を決めるのは、公益社団法人日本食肉格付協会だ。高い等級を得るのは、サシが入ったマーブル模様の肉。そのため、生産者は美しいサシを入れる工夫をして牛を飼育してきた。神戸牛も松阪牛も、人気ブランド牛は、サシが美しい黒毛和種である。

黒毛和種のルーツは、兵庫県の但馬牛。西日本では古くから牛を農耕用に使うため育ててきたことが、肉食解禁されたときに有利に働いた。そして「肉」といえば牛肉、という文化が育つ。肉じゃがでもカレーでも、関西で使われるのは牛肉である。

ところがここ最近、赤身肉の人気が高まってきた。赤身肉の代表は、岩手県ほか北東北と北海道で産する日本短角種だ。岩手県の日本短角種は、鉄や塩などの物資輸送に使われていた南部牛がもとになっている。

日本短角種が注目されるポイントは、肉そのものの味わい、そして育て方である。黒毛和種はアメリカ産の飼料を与えられ牛舎で育てられることが多いが、日本短角種は春から秋まで放牧し、自然交配で子どもを産む。その育て方は、近年注目される、家畜が快適に過ごせるよう配慮するアニマルウェルフェア（動物福祉）のイメージにも合う。また、黒毛和種の飼料は食糧自給率を下げる要因の一つ、輸入飼料が主体だが、日本短角種の飼料は、国産が中心になる。そして、脂肪が少ない赤身主体の肉にはヘルシーな印象もある。

とまあ、ここまでは理屈先行と言えるが、今後も日本短角種ほか赤身肉の人気が高まっていくと思われる一番の要因は、日本人の嗜好の変化だ。

肉全体として視野を広げてみると、ここ10年ほど肉ブームが続いている。最初は、ホルモンだった。話題を集めた『悶々ホルモン』（佐藤和歌子、新潮社）の発売が２００８年である。その後、赤身肉が人気になり、２０１３年頃から熟成肉ブームが始まっている。

これらの肉ブームから見えてくるのは、肉のうまみをどう引き出し味わい尽くすかに関心が高まっていることだ。ホルモンは、それまであまり知られていなかった内臓の多彩な味や食感に、熟成肉では肉のうまみや風味が増した状態に、多くの人が引きつけられた。

赤身肉はその意味で、肉そのものの味わいに注目が集まる。つまりすっかり肉食文化が根づき成熟した結果、シンプルな肉の味わいを楽しむ人がふえ始めたということだ。

そもそも、霜降り肉をおいしく食べるしゃぶしゃぶやすき焼きは、肉がめったに食べられないごちそうだった時代の記憶につながっている。50代以上なら子どもの頃、「今夜はすき焼きよ！」と親に言われて小躍りした人も多いだろう。特別なごちそうだったからこそ、柔らかくて脂がたっぷりの肉を堪能していたのである。

しかし、現代人にとって肉はもはや日常食。毎日のように食べるなら、カロリーが高くごちそう感がある霜降り肉より、軽めの赤身肉の方が食べやすい。アルゼンチンやアメリカなど、肉を日常的に食べる国で人気なのは、赤身肉である。とはいえ、今のところ日本短角種などの赤身肉はブランド牛のため、毎日のように気軽に食べるわけにはいかないのが残念なところだ。

B級グルメの時代

平成は、グルメという言葉が指す範囲が大きく広がった時代だった。平成の初め頃はまだ、グルメといえば高級レストランの味に精通している人や、そういう料理だけを指していたと思う。

しかし今、グルメは庶民の味にも広がっている。ドラマ『孤独のグルメ』で主人公の井之頭五郎が食べる料理は、町中華やアジア飯など多彩だが、その中にいわゆる高級料理は入っていない。お腹が空いた五郎が、予約もなしにふらりと入れることが前提になっているからだ。それに五郎は高級料理のおいしさは求めていない。

うまくて安い、早い、ボリュームがある。ラーメンやもつ焼き、焼きそば、ギョウザ、ハンバーガー、カレーライスなど、気軽に食べられる料理を「B級グルメ」と呼ぶようになったのは、『日本大百科全書』（小学館）によれば、1980年代半ばから。

巷でこの言葉が盛んに使われるようになったのは、2006年に始まったB-1グランプリが脚光を浴びた2010年あたりではないだろうか。ご当地グルメのコンテスト、B-1グランプリは、全国区のカレーやラーメンなどのB級グルメとは似ているが、ローカル性の高さで違う。ただし、地元では当たり前のように食べられる庶民的な料理なので、地元民にとってはB級グルメの一つと言える。近年、注目されているのは、富士宮やきそば、行田ゼリーフライ、四日市とんてき、八戸せんべい汁など、ほかの地方ではなかなか見られない、独自の発展をした料理だ。

テレビの世界でも、2007年から『秘密のケンミンSHOW』（日本テレビ系）の放送が始まり、さまざまなご当地グルメを紹介するようになった。名古屋の鶏手羽先など、一部の地域で「ケンミン熱愛グルメ」になるほど人気が高い料理も紹介している。

ご当地グルメの人気は、フランスなどの外国料理や、東京発の流行の料理に憧れる、という段階を経験した後、地元にもおいしいものがあるじゃないか、と足元を再発見した結果、生まれたのだろう。

番組が始まった頃、地元志向の強い若者たちが「マイルドヤンキー」などと呼ばれ、注目されるようになっていた。2009年には『ヤンキー文化論序説』（五十嵐太郎編著、河出書房新社）、2014年に『ヤンキー経済 消費の主役・新保守層の正体』（原田曜平、幻冬舎新書）などのヤンキー論の本が出始めている。東京や海外に出て成長するより、地元で働き地元で結婚して幸せになりたい、という若者たちの存在が発見され、上昇志向がなくなったと嘆く風潮も生まれた。

2013年のNHKの朝ドラ『あまちゃん』では、主人公、天野アキが東京で入ったアイドルグループが、47都道府県の少女を集めることをめざしたグループGMTで「地元に帰ろう」という歌を歌っていた。アキは、生まれ育った東京より、母親の故郷を愛する若者である。

カレーライスやラーメン、ギョウザといった全国区のB級グルメも、近年高級化路線の店が登場しているものの、基本的には庶民の味だ。その流行は、新しい味を求めて若者たちがイタリア料理を楽しみ、まだ高かったタイ料理やインド料理の激辛ぶりを楽しんだ、30年前のバブル期とは隔世の感がある。それはもしかすると、平成の閉塞感、停滞感から来る疲労を表しているのではないだろうか。賃金が上昇しない。安定した職が得られない。将来が見えない。そんな苦しみは、庶民こそ強く味わっている。格差を拡大させ、女性の社会進出を阻む政治。問題が明らかになってからずいぶん経つのに、解決の兆しがなかなか見えない。これから私たちはどうなるのだろう……。

不安が大きいからこそ、安心できるいつもの味、昔から食べ慣れた味を求める人たちがいる。そうやって、私たちは戦場からいったん退却し、ご当地グルメやB級グルメを楽しんで、自分自身を取り戻す。足元を固めてから、戦いの現場に戻っていく。次の時代に向かって、一歩を踏み出すのである。

なぜから揚げは愛されるのか?

私が住んでいた町の商店街に、から揚げ専門店が次々とできたのは、2013年のこと

から揚げ専門店は醤油味のファストフード店だったのだ!?

だった。「なるほど、から揚げか」、と私は思った。から揚げは高度経済成長期に鶏肉が安くなったのち、家庭料理として定着した。育ち盛りの子どもを抱える親が、手っ取り早くつくれて空腹の子どもを満足させられる、翌日の弁当にも使えるお助け料理にもなっていた。

家で揚げものが盛んにつくられた昭和が終わると、家族は縮小し、主婦が少なくなって、から揚げの利便性は薄れた。揚げものは少量調理には向かないし、油が飛び散り、残った油の始末も含めて後片づけに手間がかかる。つくらなくなった、あるいはつくったことがない人はふえたのではないだろうか。

一方で、鶏肉は苦手な人が少なく、リーズ

ナブルな食材でもある。家で一からつくらないものの、冷凍食品や外食などではから揚げを楽しむ、という人もいるだろう。そんな人にとって、から揚げ専門店は、欲しかったファストフード店なのではないだろうか。

その後、引っ越した町では、ここ2年ほどでケンタッキーとから揚げ専門店2店が次々とできた。どの店がより繁盛し、人気なのか知りたいなと思いつつ、横を通り抜けている。これは、スパイスと醤油の戦いなのである。

このように、から揚げ専門店はふえ続けて人気が上昇している。国内トップクラスのから揚げ人気を誇る大分県から、東京に進出してきた店が目立つ。大分には、ずいぶん前からから揚げをテイクアウトする文化があったのだ。

出前総研の調査によると、2018年の出前注文数の伸び率が最も高かったのがから揚げで、伸び率は144・2パーセントにものぼるという。出店数もふえていて、店舗数も前年比で120・9パーセントだった。「流通ニュース」2020年6月15日の記事によると、その後もから揚げチェーンの新規出店は続いている。

ニチレイフーズと日本唐揚協会の調査では、から揚げ専門店は全国で2011年から2018年の間に3・4倍にまで急速に拡大している。冷凍食品のから揚げも人気が上昇していて、「流通ニュース」２０１９年1月16日の記事によれば、２０１７年度の鶏もも肉の冷凍から揚げ市場は、２０１０年度比で61パーセントも伸びている。

　から揚げの市場が拡大しているのは、から揚げの人気が急に高まったからではなく、家でつくられなくなったからではないだろうか。

　商売する側にとっても、食べる側にとっても、から揚げの魅力は大きい。鶏肉が万人受けする肉でなじんでいる人が多いこと。醤油、ショウガ、ニンニク、七味その他、さまざまな味を手軽に工夫できるから、独自の調合を競うことができる。それはまるで、何度もブームが来ているラーメンを彷彿《ほうふつ》とさせる。

　ラーメンも出汁の独自の味を売りものにする店が多い。もちろん麺も太さや硬さなどの調整が可能だが、麺は外注している店も多い。しかし出汁は、トンコツ、鶏ガラ、昆布、鰹節その他、さまざまな素材を使って味を変えることができる。そういえば、最近定着しつつあるスパイスカレーも、スパイスの調合や調理工程の工夫で独自の味を出すことができる。そういう工夫の余地があり、比較的たやすくオリジナリティが出せる、から揚げ専門店が定着するのは食事の外注時代の必然と言える。

　昭和を代表するＢ級グルメがラーメンだったとすれば、平成のそれはから揚げなのだろうか。いや、まだこれから進化していく可能性を考えれば、これは平成・令和にまたがる人気料理なのかもしれない。

家庭でつくられなくなったことを嘆く必要はない。それは何代にもわたって受け継がれてきた家庭の味ではないし、代々受け継がなければならないほど特別な技術なしにつくることができる料理だ。家庭でつくるのがわずらわしいと思われるから、プロの出番はある。そして、専門店で買うなら、1人分を1個から頼める。冷凍食品も食べたい分だけ出してきて電子レンジにかければ食卓へ。そういう手軽さこそ、外注料理ならではの魅力と言えるのではないだろうか。

どこの町にも大戸屋

私が働きだした平成の初め、大阪では1人でご飯を食べる女性はそれほど多くなかったと思う。営業職のため、出先で食事をする、残業中に食事休憩を取るといったことが珍しくなかった私は、1人で食べる機会もそこそこあったが、中学時代からの友人には「私、1人でお店に入れないねん」と言う人もいた。

1人飯の女性は少ないんだ、と実感したのは、東京の「丸の内ＯＬ」に匹敵する「淀屋橋ＯＬ」の世界を垣間見《かいまみ》たとき。その日は住友系ほか企業の本社が集中する淀屋橋に用事があり、周辺でお昼を食べようと考えた。最初にドアを開けたのは、サンドイッチやパスタなどを出す店だったが、広い店内を埋め尽くす制服ＯＬグループの群れにすっかり気後れした私は、そのままドアを閉めて外に出た。

しばらくウロウロするうち、定食メニューを書いたホワイトボードが店頭に置かれ、暖《の》簾《れん》がかかった店を見つけた。カウンターだけのその店に座っているのは、スーツ姿のサラリーマンだけ。本当ならこっちのほうがアウェーのはずだが、いかにもおいしそうな店のたたずまいと席数の少なさ、しかし１席だけ空いていることから、私は即決でその店に入った。料理はおいしかった。だが、周囲の男性客たちから、ちょっといぶかしげな視線は感じる。女性の１人客は、その町で珍しかったのだろう。

女性の営業職が本当に珍しくなくなっていったのは、おそらく企業の女性活用が本格化したと言われる２０００年代に入ってからだろう。ちょうどその頃、都心のビルに出店をふやしていたのが、大戸屋である。

家族経営の大衆食堂として、１９５８年に東京・池袋で創業した大戸屋は、１９９２年に店頭調理や健康志向を売りにした、女性にも入りやすい店にシフト。２００２年には

100店に達し、2005年のタイを最初の地として、海外進出を始めている。

私も2000年代初頭、大戸屋で食事したことがある。定食屋としては高めだけれど、肉と野菜をバランスよく組み合わせた定食は好みに合い、清潔感のある広い店は入りやすかった。大戸屋は、ふえ始めたキャリア女性とともに成長したのだろう。

しかし最近は、ほかの定食チェーン店やラーメン屋、牛丼店などでも、女性が入りやすいよう工夫する店がふえている。小汚い店でも、男性が中心の店でも、そこがおいしいことを知っていれば、あるいはおいしそうな予感がすれば、1人で平気で入っていける女性は限られているからだ。

『孤独のグルメ』を社会現象になるほどヒットさせたテレビ東京の金曜深夜ドラマ枠は、2018年秋に高畑充希主演で『忘却のサチコ』を放送した。編集者のサチコは、ほとんどの食事を1人で食べる。それは、女性の一人飯が違和感なく見える時代に入っていることを知らせていた。

サチコが初回に行った先は定食屋で、頼んだのはサバのみそ煮定食。大戸屋も和定食が基本だ。昔は、女性が多い店といえば、イタリアンやフレンチなどのヨーロッパ料理の店や、アジア飯の店で、和定食の店に集まるイメージは、あまりなかった。男性も多いから、目立たなかっただけなのかもしれない。

私も残業が多い会社員時代、和定食を出す店は、ひんぱんに使った。バランスがよい食事が多いこと、安心できる味であること、イタリアンなどより割安なことが理由だった。しかし、フリーで働くようになり、家で食事をする機会が圧倒的に多くなると、「外食のときまで和食はいいや」と敬遠するようになった。

もしかすると、世の中で和定食を食べる人たちは、家でそれほど食事ができないのかもしれない。毎日のこととなると、安心できてヘルシーな印象が強い食事が安心できる。そしてそれは、代々親しんできた和食なのかもしれない。定食屋が長くサラリーマン御用達だったのも、彼らが夜もろくに家で食べられない生活をしてきたからだろう。大戸屋が成長したことは、女性たちが彼らと同じような境遇になったことを示している。平成になって世の中は和食離れが進んだと言われるが、外食に目を向ければ、そのイメージは案外実情と違っているのかもしれない。

第3章　スイーツ・パン・ドリンク

1990年代、ティラミスのブームから食がトレンドになった

ティラミスは、複雑な味と食感を楽しむスイーツの嚆矢となった

ティラミスブームとは?

このテーマは、私自身の体験から話を始めたい。なぜならティラミスは、私が青春時代に体験したブームのスイーツだからだ。

まず、バブル景気があった。「シティホテルでフランス料理を食べて、それから泊まるんだって」とカップルのクリスマスの過ごし方を噂で聞いたのは、1988（昭和63）年頃だった。それからイタリア料理のブームが来て、1989（平成元）年頃には、「イタ飯」という言葉で呼ばれるようになる。

私が実際にイタ飯をごちそうになり、話題のティラミスをデザートとしていただいたのは1990年の初夏だった。大阪のオフィス街、堂島で新聞記者をしている先輩から、マ

スコミ業界について聞いていた。私は、就職活動中の大学生だった。「これが噂のティラミス！」。濃厚なチーズクリームの味、コーヒーの香りとのコンビネーションは感動的で、「こんなケーキ初めて食べた」と驚いたものだった。先輩から何を聞き、メインディッシュに何を食べたかはさっぱり覚えていないが、光が射し込む2階の明るいテーブル席で、白い大きなディナー皿に盛られた茶色とクリーム色の層をなしていたティラミスは忘れられない。今だったらカメラを出して撮るところだ。

今振り返ると、20歳そこそこの私も巻き込まれたティラミスブームは、日本人の味覚が変わるターニングポイントだったと思う。流行ったのが平成になった直後の１９９０年前後というのも象徴的だ。ここから食はファッションのごとくトレンドの対象となり、人々の好みも和食から離れて多様になっていく。

それまで日本人にとってのケーキといえば、イチゴショートに代表されるシンプルな生地でフワフワのスポンジケーキだった。今もスポンジケーキは人気だが、定番のモンブランはクリーム中心のフランススタイルのものに置き換わった。

ムースをたっぷり使った濃厚なケーキや、クッキー生地やパイ生地を敷いたサクサクの食感を楽しめるケーキもある。そういう複雑な味と食感を楽しむケーキが人気になる導入部が、クリーム生地が主体のティラミスだったのである。

油脂をたっぷり含んだその濃厚な味も、従来のケーキから遠かった。その後、味も食感も多彩なスイーツが次々にブームとなる。1990年代〜2000年代初頭にかけてのブームを列挙するだけで、日本人が未経験の味や食感を求めるようになったことがわかる。

ところでティラミスは、首都圏情報誌の『Hanako』が1990年4月12日号で、『女性自身』(光文社)が同年4月17日号で特集したことでブームに火がついた。背景には、乳業メーカーや油脂メーカーが洋菓子店にレシピを提供し、商社が材料のマスカルポーネチーズの輸入量をふやしたこともあると、『ケーキの世界』(村山なおこ、集英社新書)にある。

あの頃、ブームに便乗するように、さまざまなメーカーがティラミス味の商品を出していた。私が覚えているのは、ティラミスチョコレートぐらいだが、ほかの商品については、『Hanako』1991年5月23日号が「〝ティラミスがブーム〟になった理由」で紹介している。チョコレート、パン、シュークリーム、蒸しケーキ、アイスクリーム、キャンディなどのスイーツだけでなく、ハム、スープなどの食事メニューまであったそうだ。この便乗商品が花盛りのさまは、2016年のパクチーブームを彷彿とさせる。あれから30年経ったが、流行に踊るのが大好きな日本人の感性は、それほど変わっていないのかもしれない。

マカロン好き

マカロンがブームになったのは、2000年代半ばだった。大きなきっかけの一つは、1998年に日本へ進出したピエール・エルメ・パリの旗艦店が2005年、青山にできて注目されたことである。ピエール・エルメは「パティスリー界のピカソ」の異名を取るフランス人パティシエで、マカロンに新風を吹き込んだことで知られる。

もともとマカロンは、コーヒー味、フランボワーズ味、バニラ味、チョコレート味などの定番しかなかったが、エルメはピスタチオ味、ローズ味などの新しいフレーバーを次々と出して、カラフルな世界を築いた。そのバリエーション豊かな色とフレーバーが、人気となったのである。

もう一つ、マカロンブームに貢献したブランドが、ダロワイヨである。日本進出は1982年、自由が丘店が最初で現在も同じ場所にある。フランスを代表するパティスリーの老舗だが、日本になじむには時間がかかった。上陸当時の日本で人気が高かった洋菓子は、イチゴショートやスフレタイプのチーズケーキなど、フワフワしたスポンジのシンプルな

2000年代前半、マカロンでスイーツのグルメ化はピークに達した
マカロンはフランスからやってきた2つのブランドが日本人の生活に定着させた

もの。濃厚なムースやサクサクした硬いタルト生地を使い、小ぶりながら複雑な味わいを持つフランスのケーキは、受け入れてもらいにくかったのだ。日本では、フランスにはない柔らかく冷やして食べるタイプのゼリーを中元用に販売するなど、試行錯誤しながら定着していった。

ダロワイヨがマカロンの販売に力を入れ始めたのは、日本進出を決めた社長が「なぜフランスで人気のマカロンが売れないのか」と言ったことがきっかけ。2002年頃から積極的にプレスにアピールし、店でもすすめるようになった。多方面にわたる努力が功を奏し、『家庭画報』（世界文化社）2004年5月号に「ダイアナ妃も愛したダロワイヨのマカロン」と広告を出したときは、三越銀座店に1日100件以上の問い合わせが来たという。

そうして、マカロンは、フランスからやってきた二つのブランドの努力で、日本人の生活に入り込んだ。

ダロワイヨのマカロンが20年間あまりも受け入れられなかったのは、日本人にとってなじみがないお菓子だったからだ。マカロンは、卵白を泡立てたメレンゲとアーモンドの粉、砂糖にフレーバーの材料を加えて混ぜ、オーブンで焼いた生地に、クリームを挟んでつくる。マカロンという名前も、フレーバーの味が凝縮されたその魅力も、知られていなかった。

日本人が、多彩な外国のお菓子を積極的に受け入れるようになったのは、イタリアから上陸したティラミスブームがきっかけだったことは、ティラミスの項で書いた。それはどんなものだったのか。

代表的なものを挙げると、タピオカ、ナタデココ、パンナコッタ、ベルギーワッフル、カヌレなど、味や形だけでなく、食感も多彩なことに気がつく。考えてみれば、和菓子も食感は多彩だ。モチモチのだんご、カリカリのかりんとう、サクサクの皮にねっとりしたあんこが入った最中。パリッとした草加せんべい。外国からやってきたスイーツだって、クニュクニュ、クリーミィー、サクサク、パリパリ、フワフワと、さまざまな食感があってもいい。マカロンには、それまでブームになったスイーツと異なり多彩な色と味がある。それまでにも、グリーン、ピンク、茶、黄色、白……今まで見たことがなかったお菓子の色もある。それまでにも、B-Rサーティワンアイスクリームなど、少女たちの間で流行るスイーツには、カラフルなものもあった。しかし、マカロンは大人も楽しむ。バラエティの豊かなマカロンが、大人の女性の間でブームになったことは、日本人の嗜好が変わったことを示している。

ティラミスで始まったスイーツの多彩さを楽しむグルメ化は、マカロンで一つのピークに達した。その後はカラフルな色の食べものの人気が加速していき、10年後のインスタ映えブームに至る。トッピングがかわいいドーナツやカップケーキ、かき氷など、色彩という楽しみ方が強く出始めるのである。

スイーツだけではない。食事でも、カラフルな色の大根やニンジンがサラダに、加熱しても色があまり変わらないパプリカやズッキーニが、パスタや煮込みなどに好んで使われる。「食卓に色を!」と誰かが言ったかどうかはわからないが、その傾向が、ブログが普及し、SNSでの発信が活発になった時期と重なっているのは、インターネット文化も影響しているのかもしれない。ターニングポイントのブームだったゆえ、マカロンは特別なお菓子だと言える。

チョコミントはなぜブームになったのか?

私が初めてチョコミントフレーバーのアイスに出合ったのは1982年、B-Rサーティワンアイスクリームでだった。年をはっきり特定できるのは、その年の夏休み、中学校の部活仲間に誘われて、初めて乗り換え駅前の店に足を踏み入れたからである。

サーティワンアイスクリームは、アイスクリーム大国のアメリカから上陸し、1974年に東京・目黒に1号店ができた。ご存じのように、キャラメルリボンやストロベリーチーズケーキといった、バラエティ豊かなフレーバーが特徴である。そのカラフルさ。味の種類の豊かさ。ほぼ全部、初めての味ばかりだったが、中でもチョコミントは驚きのアイスだった。

当時、私はミント味といえば、チューインガム、歯磨き粉ぐらいしか知らなかった。サーティワンのチョコレートミントアイスは、食べものとは思えないほど爽やかで鮮やかなミントグリーンの色をしていた。清涼感がチョコレートの甘さと交互に来る。もしかすると、あのコントラストのある味わいが、ティラミスブームへの序章だったのかもしれない。つまり、異なる味を一度に口にすることで生まれるハーモニーを楽しむ、という世界への入り口だった。

あれから三十数年。日本人の食べものに対する感性は大きく変わった。インド料理にフランス料理といった、外国料理の店がふえたし、食材も手に入りやすくなったので、味も本場に近づいている。外国に住んだり旅行するなどして、現地の味に親しんだ人がふえたことも影響しているし、移民がふえてお国料理を提供するようになったこともあるだろう。異文化の味に親しむということは、多彩な食材や料理になじんでいるということだ。

ミントが町にあふれるようになったのは、2000年前後のカフェブームがきっかけだったのではないかと思う。カフェで提供される、かわいらしいビジュアルのドリンクやデザートには、よくミントの葉っぱがトッピングされているからだ。同じ頃ブームになったベトナム料理でも、たとえばお好み焼きみたいなバインセオを注文すれば、フレッシュミントがレタスと一緒に出てくるなど、ミントはよく使われている。

チョコミントブームが始まったのは、2016年頃から。コンビニやスーパー、アイスクリームその他のスイーツチェーン店で売られる、チョコミント・スイーツのバリエーションがふえ始めたのである。それが2017年8月にバラエティ番組『マツコの知らない世界』（TBS系）で取り上げられて人気が加速し、全国的に体温を超える猛暑が続いたその年の夏、大ブームとなった。

それにしてもなぜ、そんなにチョコミント・スイーツがこの時期、人気となったのだろうか。思いつく限り、四つの理由を挙げてみよう。

一つはラインナップが豊富になり、店頭で目立つようになったこと。二つ目は、印象的な緑と茶の色である。コントラストが強い色の組み合わせは、鮮やかで美しく、インスタ映えもする。三つ目は2010年代後、唐辛子が効いたタイ料理、中国の山椒ともいうべき花椒を効かせた麻婆豆腐などの本格四川料理、強炭酸ドリンクといった、刺激的な味わいの食べものがブームになったこと。

そして、四つ目が、もしかすると三つ目の理由と関係があるかもしれないが、私たちの暮らしがストレスフルになっていることだ。強烈な暑さにゲリラ豪雨、台風や地震などもある。また、社会も不安定で仕事に困る人たちもたくさんいる。わけのわからない犯罪も次々に起こる。グローバル社会で海外の動向からもすぐさま影響を受ける時代になって、常に情報に気を配らなければならなくなっている。

でも、そういう厳しい時代に、あえて刺激を求める流行が起こるのは、私たちが厳しさに抗して生き抜こう、という意志を持つようになった兆しかもしれない。癒し系がブームで、まったりゆっくり暮らしたい、という流行にどっぷり浸かっていた2000年代初めと比べると隔世の感がある。私たちは生き抜くことができる。そんな頼もしさまで感じさせるチョコミントブームなのである。

ビーン・トゥ・バーの登場

昭和末期の1988年、ロッテから高級チョコレートブランド、VIPチョコレートが発売され人気になった。工藤静香が登場するCMを覚えている昭和育ちもいるだろう。そのチョコレートは3種類あったが、首都圏・関西限定の商品と、その他の地方限定の商品があった。女子大生だった私が食べてみたかった、赤いラベルの生クリーム入りは地方限定品。友人が、「お父さんが広島出張で買ってきてくれたから」と待望のチョコを持ってきたので、休み時間に集まって、大事にありがたがって食べた記憶がある。

VIPチョコレートの特徴を調べてみると、ロッテのWEBサイトに「チョコレートの製法技術上、不可能とされていた高水分原料の生クリームとチョコレートを融合することに世界で初めて成功しました」とある。くわしいことはわからないが、今までにないクリーミィーなチョコレートは、新しく生まれた混ぜる技術によって実現したのだ。

あれから30年。平成の終わりの頃に、人気が高まったのは甘さやクリーミィーさとは別次元、カカオそのものの味を生かす「カカオ成分◯◯パーセント」と謳うチョコレートだった。

カカオ分を60パーセント、75パーセントなどとふやし、よけいなものをできるだけ使わないシンプルなチョコレートが流行り始めたのは、2016年頃からビーン・トゥ・バーのブームが来て、カカオの味を楽しむ文化が生まれたことがきっかけだ。英語で書くと〝Bean to Bar〟。「カカオ豆から板チョコまで」という意味で、メーカーがカカオ豆を自ら仕入れて選別・焙煎《ばいせん》・成型まで一貫生産することを指す。いわば手づくりチョコレートで、国など産地ごとに異なるカカオの風味を楽しませるブランドが多い。

先駆者と言われる職人のショコラティエ、ピエール・マルコリーニはベルギー出身。1994年に独立した後、カカオ豆の産地まで買いつけに行って選別から行う、独自のスタイルをつくり上げた。彼以前のショコラティエは、チョコレートメーカーから固形状のチョコレートを仕入れて加工していた。もちろん今でもそのスタイルが主流である。

ピエール・マルコリーニは、産地まで行くことでカカオも農産物であり、土壌や天候によってできぐあいが変わること、産地によって、フルーティだったりナッツの味わいがあるなど、ワインのような奥深い世界があることを発見した。

ショコラコーディネーター・市川歩美の「東洋経済オンライン」2017年3月5日の記事によれば、ビーン・トゥ・バーのブームは、アメリカで2000年代初頭に始まった。日本では、2010年代前半から専門店がふえ、2016年2月にダンデライオン・チョコレートが日本1号店を開き、盛り上がっていく。同社は2010年、サンフランシスコで創業している。

私が友人に連れられて、初めて蔵前のダンデライオン・チョコレートに行ったのは、2016年の初秋だった。砂糖とクリームたっぷりのものがチョコレートだと思ってきた私には、初めて食べるビーン・トゥ・バーのチョコレートは、おいしいのか何なのかよくわからなかった。ただ、暑かったあの日、カフェで飲んだアイスのチョコレートソーダが意外にさっぱりしていたことが、印象に残っている。

大手の明治が出したビーン・トゥ・バーのザ・チョコレートがコンビニに並び、話題になり始めたのも同じ頃だったと思う。改めて明治のサイトを観ると、発売は2014年で、意外に歴史が長い。明治のザ・チョコレートもあまり甘くないので、最初のうちはおいしいとは思えなかった。少しずつその世界に足を踏み入れているところだが、ハマり過ぎると、もともと好きだったミルクチョコレートが、甘ったるく感じられるようになるのではないかとちょっと心配である。

カカオ豆の特徴を前面に出すビーン・トゥ・バーは、いやおうなく産地に目を向けさせる。そこには、チョコレートのちっとも甘くない歴史が見え隠れする。

カカオは、赤道近くのカカオベルトと言われる暑い地域でしか育たない植物だ。原産地は中南米で、アフリカや東南アジアなどに産地が広がっている。それらの地域は、欧米が植民地として支配してきたところだ。日本も戦前、植民地の台湾でカカオ栽培を始めている。負の歴史ゆえに経済発展が遅れたところだから、人件費が安い。そしてカカオ栽培とカカオ豆生産は手間がかかる。

チョコレートは宗主国の欧米で生まれ、多く消費され、発展を遂げたスイーツである。産地を知ろうとすることは、長い歴史で培われた関係性にも目を開かせる。チョコレートを食べたことがないカカオ豆生産者もいる。産地の歴史や今を知ることで、より公正な関係へと向かわせるのだ。その意味でも、ビーン・トゥ・バーのチョコレートは、甘くないお菓子なのである。

再発見されるバウムクーヘン

バウムクーヘンの年輪は、棒状の芯の周りに生地をかけつつゆっくり回して焼くことでできる。このことをご存じの方は、今多いと思う。なぜなら、テレビで何度も紹介されたほか、百貨店の店頭でも実演販売されていたからだ。そのプレゼンテーションを初めて大阪・梅田の阪神百貨店で行ったのが、滋賀県の洋菓子ブランド、クラブハリエで1999年。その2年後には東京の日本橋三越本店にも出店。クラブハリエは、デパ地下に必ずと言っていいほどある、和菓子のたねやのグループ会社である。

次々と新しいスイーツが登場し、スイーツブームが続いていたこの頃、クラシックなバウムクーヘンも、見せ方によっては新鮮だと気づかせた。その後、2007年から「ぶどうの木」や「東京ばな奈」で知られるグレープストーンが、百貨店で「ねんりん家」を展開。2009年にはドイツの老舗、ホレンディッシェ・カカオシュトゥーベが伊勢丹新宿本店に日本1号店を出店。

こうして2000年代を通じて、さまざまなバウムクーヘンがデパ地下に仲間入りし、

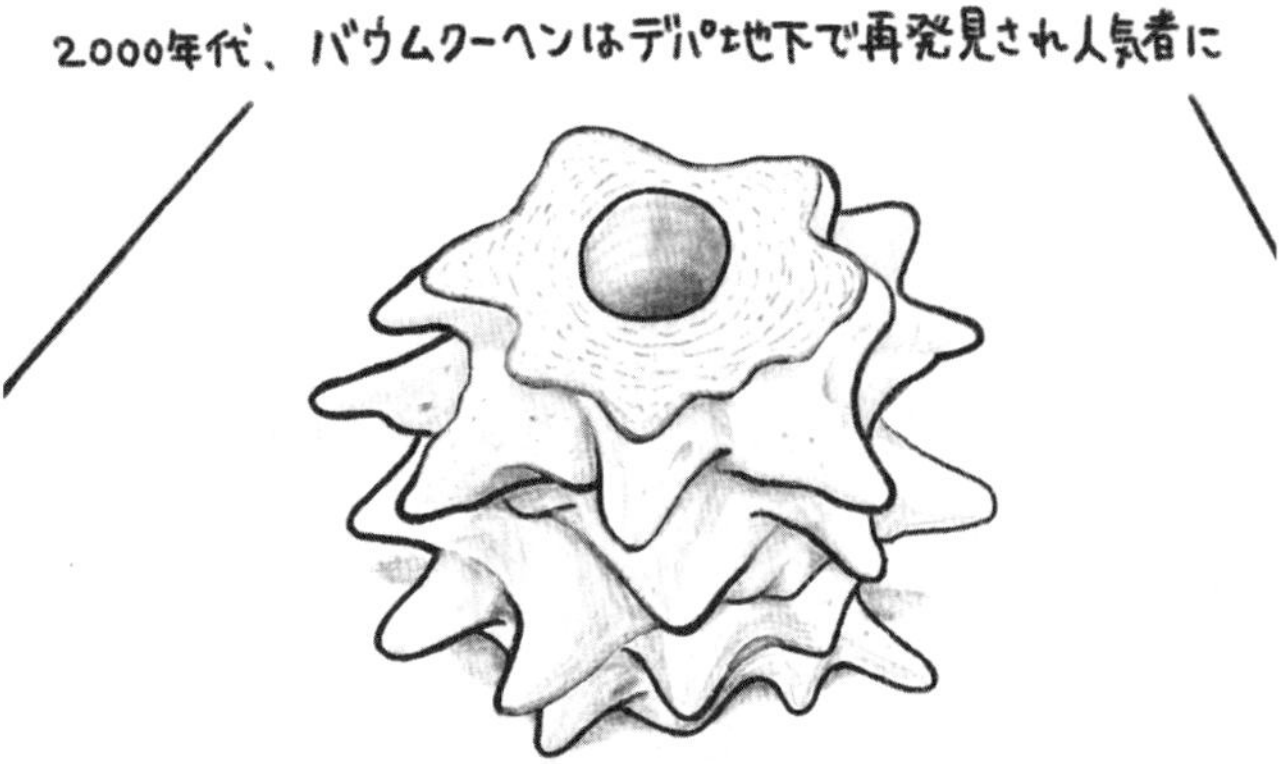
2000年代、バウムクーヘンはデパ地下で再発見され人気者に

バウムクーヘンが日本で初めて披露されたのは1919年、広島だった

人気になった。宝石のように美しいフランス風の生ケーキの陰で、忘れられかけていたバウムクーヘンが再発見されたのである。

　百貨店にバウムクーヘンを出店した老舗といえば、ユーハイムである。デパ地下に必ずと言っていいほどあるユーハイムは、数奇な運命をたどったドイツ人男性が、横浜で興した洋菓子メーカーだ。２０１９年は、彼が初めて日本でバウムクーヘンを披露して１００年とのことで、新聞やテレビでその歩みが紹介された。そして初披露された広島市では、路面電車の車体にも「バウムクーヘン百年」の文字が躍っていた。

　創業者のカール・ユーハイムは、ライン川沿いのビンゲン市で１８８６年に生まれた。

菓子店で修業して職業学校を卒業したとき、当時ドイツ領だった中国の青島の菓子店で人を募集しているという誘いを受け、アジアへ旅立つ。

『カール・ユーハイム物語』（頴田島一二郎《えだじまいちじろう》、新泉社）によるとバウムクーヘンを焼く技術力などが認められ、カールは半年で店を譲り受ける。その5年後の１９１４年7月に故郷の女性、エリーゼと結婚したが、その直後に第一次世界大戦が始まる。カールは非戦闘員だったにもかかわらず、軍政部の命令で捕虜となる。

彼がいた捕虜収容所は、広島湾に浮かぶ似島《にのしま》にあった。１９１９年3月4日、広島の元安川沿いにあった広島県物産陳列館で日独友好を目的とした俘虜《ふりょ》技術工芸品展覧会が開かれ、カールはバウムクーヘンを出品した。このビルは原爆を投下された後、原爆ドームとして知られるようになる。

カールは戦争が終わって解放されたのちも日本に残り、１９２２年に横浜で菓子店を開く。しかし翌年、関東大震災で被災して神戸に移る。以来、神戸を拠点にして現在のユーハイムへ至る。カールは第二次世界大戦により商売も厳しくなり、１９４５年8月14日に亡くなる。58歳だった。店は戦後、弟子たちがエリーゼを迎えて再興させる。

それから50年。今度は神戸が阪神淡路大震災で被災する。そのとき、ユーハイムの本社も大きな被害を受けたが、復興の過程で多くの資料が発掘され、その中には昔のレシピもあったのだと、以前、新聞で読んだ。

ユーハイムのバウムクーヘンは、私にとってもなつかしいお菓子である。小学生の頃、よく家には母の友人たちが集まり、お茶会を開いていた。そのときによく、おみやげとしていただいていたのだ。シンプルだけど中身が詰まったバウムクーヘンは食べ応えがあり、周りを包んだ白いシュガーコーティングの甘さと、素朴な味わいのスポンジがよく合っていた。

その味が原点としてあるからか、大人になってたまに食べる他メーカーの油脂が多めのバウムクーヘンは、何か違うような気がしてしまう。それでいて、百貨店に必ずあるユーハイムで、自分のためにバウムクーヘンを買う気になれない。これは、いただきものとして食べるもので、自分のものとして買うお菓子ではない、という思い込みからなかなか自由になれないのだ。

でも本当は、正しい入手ルートなどない。そのうち、自分のためにユーハイムでも買って食べてみようかと思っている。

2010年代、頭がキーンとならないかき氷登場

日本の進化系、台湾発、韓国発…、かき氷はアジア生まれのグルメなスイーツになった

アジアの中のかき氷

「今のかき氷には、頭がキーンとならないものもあるんですよ」、とかき氷通の友人から教わったのは、2018年のことだった。かき氷のブーム自体は知っていた。2010年代になって盛り上がる台湾ブームで、水ではなく、マンゴー果汁などを冷やし固めた氷を使ったり、おかずのように煮豆などさまざまな具材をトッピングする台湾かき氷は、テレビで何度も紹介された。日本のかき氷も、人気女優の蒼井優が2011年に『今日もかき氷』（マガジンハウス）を出したあたりから、より注目されるようになったと記憶している。

台湾のかき氷が珍しいから話題になるのはわかるが、日本のかき氷がブームになるのはなぜなのか、あまり深く考えたことがなかった。私は冷え性のため、かき氷はあまり得意ではないからだ。学生時代までは、「海の家で食べるかき氷は最高！」と楽しんでいたものの、キンキンに冷房が効いた喫茶店では、無理に食べても頭がキーンと痛くなるし、むしろ熱い紅茶が飲みたくなる。私には暑い外でしか楽しめない、シチュエーション限定のスイーツだと思っていた。

友人によく聞いてみると、今はものすごく細かく氷を削ったフワフワのかき氷や天然氷を使ったもの、果汁を使ったシロップもあるそうで、マニアは一般の人の行列ができない冬場に食べ歩くのだという。そういうファンを生むかき氷の進化が始まったのは、世紀が切り替わった２００1年だった。

改めて友人に聞くと、かき氷マニアのブロガーのａｙａｎｏがウェブマガジン「マネ会生活」で２０１9年2月6日に書いた記事を教えてくれた。

その記事によると、新しいスタイルのかき氷は、２００3年に神奈川・鎌倉（現鵠沼《くげぬま》海岸）に「埜庵」が開業し生まれた。日光や秩父の天然氷を使い、果物や和三盆糖を使ったシロップをかけたかき氷を通年で出す初めての専門店だった。そして２０１1年5月、ついに都心の谷中に「ひみつ堂」がオープンし、メディアの注目を集めた。都内で取材しやすいことに加え、蒼井優の本が出たその年は、東日本大震災の影響で冷房を弱めにしたビルが多かった。暑さ対策のスイーツとして人気になったのだ。

進化系のかき氷にハマった人たちがいたところへ、台湾ブームが起きて独自のスタイルに注目が集まり、さらに東日本大震災の影響も受けたのだ。かき氷はいつのまにか、グルメなスイーツになっていた。

2015年には、表参道に台湾のアイスモンスターが上陸。2016年には原宿駅前に、韓国のソルビンが上陸（2020年1月31日に閉店）。日本で食べられるかき氷は、国際色豊かになってきた。

私も夏の暑い日、熱中症になりかけながら原宿の行列に並び、ソルビンを体験しに行ってみた。注文したのは、チョコレートのかき氷。まるでケーキのような美しい見た目に、思わず記念撮影。アングルを考えながら撮っていたら、隣でマンゴーのかき氷を頼んでいた女子高生たちが、「おいしそう！」と声をかけてくれた。

粉砂糖のように細かい氷には、ミルクが入っていて甘い。ココアパウダーの苦みと、削ったチョコレートの柔らかい食感。それはもう私の知っているかき氷とはまるで別ものだった。そして友人に言われた通り、冷房が効いた店で食べたにもかかわらず、最後まで頭がキーンとなることはなかった。

すっかり韓国のかき氷が気に入った私は、新大久保へ遊びに行ったときも、かき氷を注文した。暑いうちに堪能しておかねばと思ったのだ。スイカ味のかき氷はどこかなつかしく、そしてナチュラルな味わいだった。

2019年4月に台湾へ行った折も、かき氷を食べてみた。台湾は3度目だが、今までは春に台北へ行っていて、雨降りと重なり、肌寒くて食べる気になれないでいた。今度の行先は気温20度台後半の暑い台南。初めて食べたそのかき氷には、マンゴーやリンゴなどいろいろなフルーツに、最近日本でも流行っている黒糖入りのタピオカも載っている。そしてやはり、氷はフワフワで細かく、柔らかいミルク入り。

ここまで来ると、かき氷というよりパフェのよう。そういえば、ソルビンのチョコレートかき氷も、チョコレートパフェみたいだった。パフェは、最後にスポンジが口に残って口直しが欲しくなるが、氷だと最後まで爽やか。これは確かにハマってしまいそうだ。

高級食パンはなぜ人気なのか？

食パンは、日本人が最も親しんでいるパンの一つだ。朝ご飯にトーストして食べる人、

2010年代、高級食パンはスイーツになったのか!?

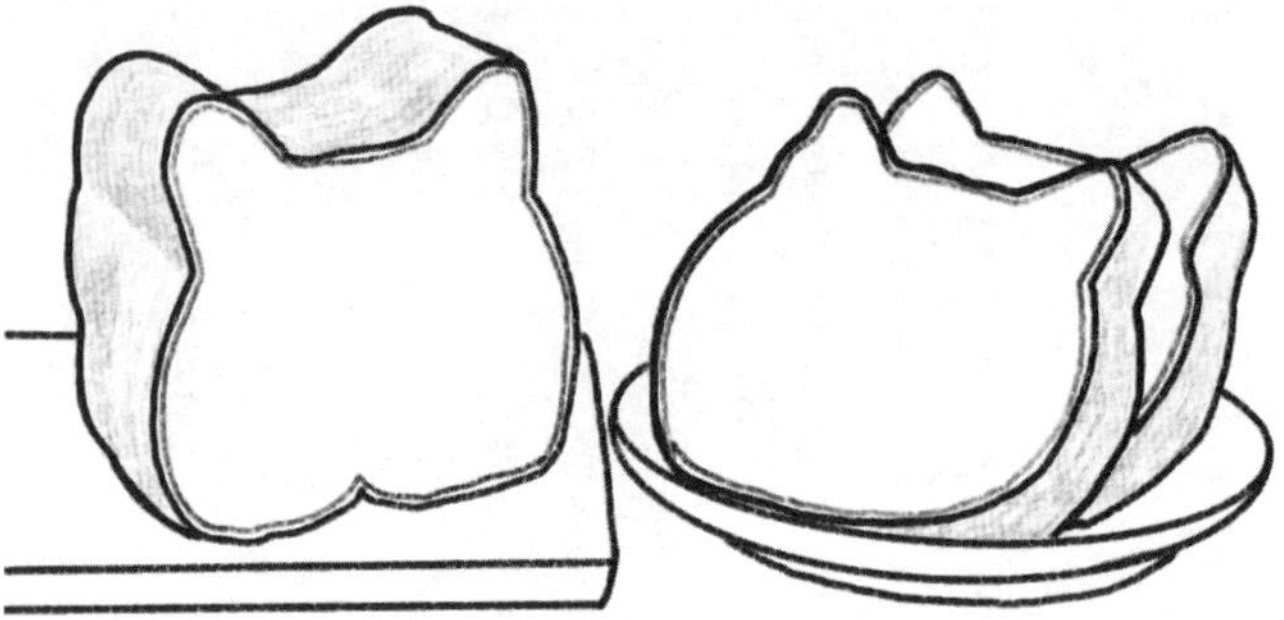

高級食パンの味は自己主張が強い。これはスイーツなのか?

ジャムを塗っておやつにする人。サンドイッチやピザ用に使う人。トーストしないで、そのまま食べる人もいる。

バゲットは非日常のパンかもしれない。クリスマスには、チキンと一緒に食べるために、ふだん買わないバゲットを買う人がふえる。それに対して、食パンは日常のものだった。ところが、2010年代半ばから、1斤あたり500円ぐらいかかる高級食パンがブームになっている。

食パンは、もともと安い。スーパーなら100円を切るものもある。パン屋でも250～300円が相場だ。高級食パンは、スーパーのパンの4～5倍、パン屋のパンの2倍もするのに、行列ができる。高級なので、手みやげにも使われている。トーストしないでそのまま食べておいしいという触れ込みの「生食パン」という売り方もある。どうやら、水分量が多くもっちりしていたり、砂糖が多く使われていて、甘かったりくちどけがよいがゆえに「おいしい」と感じるようだ。

私も食べたことはある。おいしいのはわかる。しかし、食パンは私にとってスイーツではない。そんなに、はっきりくっきりしたおいしさはいらない、と思ってしまう。私は物心ついたときからずっと、朝食は基本パンで、そのときに食べるのはたいてい、トーストした6枚切りの食パンである。

朝はぼんやりしていたり、気分が上がらないことが多い。テレビやラジオから大きな音声が聞こえると耳をふさぎたくなるほどなので、静かに穏やかに1日を始めたいのだ。それなのに、高級食パンは「俺はパンだ!」と主張してくる。声が大きくて「うざいよ、お前」と言いたくなってしまう。これは、おやつや、肉や油脂をたっぷり使う西洋料理のディナーのお供にするとよいパンではないか?

なぜこういうパンが人気なのだろうか。考えられる要因の一つは、10年来のパンブームである。パンブームについては、2016年に出した『なぜ日本のフランスパンは世界一になったのか　パンと日本人の150年』(NHK出版)などで書いたが、最初は1996

年以降に登場した、本場に負けないバゲットやクロワッサンをつくる店が発見されたことだった。しかしやがて、流行はコッペパンやフルーツサンドといった、日本的な柔らかいパンへと移っていった。

高級食パンブームは、２０１３年６月、銀座にセントル ザ・ベーカリーという食パン専門店ができ、行列ができたことから始まる。この店は、２００３年に渋谷の東急本店前にできた、フランススタイルのパン専門店ＶＩＲＯＮを営むル・スティルのブランドだ。全国展開している大阪の高級食パン店、乃が美も２０１３年の開業である。また、セブン－イレブンがコンビニ・スーパーで出すには高い、１斤２５０円の「セブンゴールド　金の食パン」を出したのも同じ年である。

セントル ザ・ベーカリーのパンは３種類。すべて２斤分でスライスされていない。北米産の小麦を使い長時間発酵させた山型の「イギリスパン」が税別１本８００円、国産小麦のゆめちからを使った「角食パン」と、北米産の小麦を使い湯だねで発酵させた「プルマン」が税別１本９００円。材料や発酵の仕方を変えて、違いを感じさせようというマニアックなパンなのである。

ＶＩＲＯＮで、安すぎるパンの価格を上げようと試みたル・スティルの西川隆博社長は、今度は食パンの価格上昇を試み、そして国産小麦を応援しようとした。かくして、材料にこだわったパン屋のパンは価格が上昇。300～400円のバゲットも珍しくなくなった。

近頃、パンに限らずラーメンでも、肉やスイーツでもテレビでレポートしやすい、はっきりと主張のある味が人気である。グルメが大衆化するとき、わかりやすく主張のある味が広まる。パンブームは最初、日本で敬遠されがちな、皮がパリパリと硬いバゲットなどの人気から始まった。しかし、10年続いたブームは、パンを毎食食べる、朝食に欠かせないなどと考えるパン好きだけのものではなくなった。珍しいもの、特別なものを食べてみたい人たちにまで広がってきた結果、昔から親しまれた食パンで贅沢なものに人気が集まったのだと思われる。

高級食パンブームは、永遠に続くわけではない。やがて熱が冷めたとき、1斤500円は高いと思われるのではないだろうか。ただ、くちどけのよさや、甘く主張のある味は、ブームでなくても好きな人がいるだろう。一ジャンルとして定着するのか消えるのか。その行方を見守りたい。

スタバのある町

アメリカ・シアトルで生まれたコーヒーチェーンのスターバックスが日本に上陸したのは、1996年だった。銀座の裏通りにできた店は、その後日本中に出店網を広げ、その数は1581店に及ぶ。

2000年代前半は、地方の人が「地元にはスタバもない」と卑下するなど、スタバがある町＝都会的というイメージをあちこちで聞いた。

スターバックスのコーヒーを持ち歩くことが、都会のできるビジネスパーソン、という印象が強くなったのは、1998年に公開された映画『ユー・ガット・メール』がきっかけだろう。1990年代、アメリカのトレンディ俳優として名をはせたメグ・ライアンとトム・ハンクスのラブコメディ。メールが恋のきっかけになるという物語で、インターネットが目新しかったことがなつかしい。2人がしょっちゅうスタバのコーヒーを飲むので、あの映画はスタバの宣伝作品だとささやかれたが、真偽のほどは定かではない。

その後、2006年に公開された『プラダを着た悪魔』でも、主人公のアン・ハサウェイは悪魔のように厳しい上司、メリル・ストリープのために、スタバへ寄ってコーヒーを買っていく。どちらの映画も、舞台はニューヨークである。ハリウッドの人気映画が、スタバ＝都会的というイメージを増幅させたのではないだろうか。

スターバックスがアメリカで人気を得た理由は、薄いコーヒーが中心の国で、濃く淹《い》れたものが新鮮だったことが大きいと思われる。日本でも、チェーン店にもかかわらず、よい豆を使って高級感のある濃いコーヒーを出すこと、カフェラテやフラペチーノなどさまざまなトッピングができるスイーツ感が、目新しく人気になった要因だろう。そして、チェーン店にもかかわらず、スタイリッシュな店内もよかったのだと思う。スタバにノートパソコンを持ち込んで仕事をすることがかっこいい、というイメージもできた。

列挙してみると、スタバが愛されるのは、そのファッション性ゆえとわかる。それは、カフェや喫茶店が持つ特性かもしれない。

スタバが日本に上陸した頃、日本では三つのスタイルによるカフェブームが始まった。一つはスタバそれ自体のブーム。同じ頃、『Ｈａｎａｋｏ』がくり返し、大きな窓があって明るい店や、店の外にテーブルを持ち出して、ヨーロッパのカフェのようにしつらえたオープンテラスのカフェを紹介していた。これは、１９９３年、広尾にできた「カフェ・デ・プレ（現カフェ＆トラットリア ミケランジェロ広尾）」が始まりである。

もう一つは、若い人たちが始めた手づくり感のあるカフェで、この頃から町家や古いビルをリノベーションして、カフェや雑貨店などにする店がふえ始めている。内装を自分たちで行ったり、中古の家具を使ったた、デザインもバラバラだがなんとなく統一感のある、センスのいい店ができた。そういう店では、ランチを頼むとなぜか一様にワンプレートにご飯とサラダ、メインディッシュ、つけ合わせが載っている。カフェ飯と呼ばれたそれらの料理は、どこか素人っぽさを残していて、味にうるさい人たちからは敬遠された。

それぞれのスタイルで、おしゃれ感を打ち出すカフェ。それがファッションとなるのは、コーヒーが栄養的な側面から見れば必需品ではなく、嗜好品であることが大きい。しかし、一休みする場所としてのカフェや喫茶店、飲んで味わいリフレッシュもしくはリラックスする飲みものとしてのコーヒーは、人によっては必需品である。

数年前、淹れ方にこだわったサードウェーブと呼ばれる新しいコーヒーブームがアメリカから上陸した。そのルーツは、日本の喫茶店のマスターたちがていねいに淹れてきたコーヒーにある。

私はカフェの空間に注目したい。スタバが席巻した後、日本の喫茶店は廃れたと言われた。店主の高齢化も影響していると思う。しかし、店主の好みで統一されたカフェや喫茶店の空間を愛する人は多いし、喫茶店がなくなった商店街に、カフェがオープンするなど新しい店もできる。

酒が苦手な人にとっては、コーヒーなどの嗜好品飲料こそ、1日の疲れをいやすかもしれないし、しらふで打ち合わせや話し合いをするお供としても欠かせない。何よりその場所は、仕事や家庭からひととき離れて自由に過ごせる避難所なのである。その意味で、やはりカフェはなくてはならないのだ。

2度目のクラフトビールブーム

特定の地域で少量生産される地ビールの製造が解禁されたのは、1994年。当時、全国各地に地ビール工場が生まれた。関西にいた私は、仲間たちと一緒に神戸市郊外のステーキハウス、三田屋《さんだや》に行き、飲んだのが初体験だ。黒ビールのコクのある味が、苦いものが苦手な私にも「このビールなら飲みやすい」と思えた。私はビールが苦手なのである。ジョッキのビールを飲み干せたことは、一度もない。

三田屋のWEBサイトにアクセスしてみると、地ビール醸造を始めたのは日本で4番目、近畿で1番目、外食産業では1番目だとある。黎明期《れいめいき》に始めた店はたくさんあったが、品質にばらつきがあるなど、さまざまな事情でつぶれたところも多い。その中でも三田屋のビールはちゃんと生き残って、揮八郎ビールというブランドで売られている。

地ビールが、クラフトビールと呼び名を変えて、アメリカから流行の波が押し寄せたのは、2010年代になってから。私は2013年初め、自前のビール工場を持つブルーパブ（醸造所を併設し、そのビールを提供する店）に取材した。都内3軒、甲府市1軒である。そのときは、店探しも大変だったが、その後新聞の東京面で何カ所も新しい醸造所が紹介されるほどふえ、地方のブランドも人気になった。海外にビールを輸出するメーカーまで現れていて、2015年に台北へ行った折は、古民家カフェで常陸野《ひたちの》ネストビールの缶が並んでいるのを見た。

店で醸造しないまでも、国内外のクラフトビールを飲ませるパブや、販売する酒販店などもある。2019年2月20日の朝日新聞記事によれば、国内の醸造所は300を超えているという。日本もすっかりクラフトビール大国なのである。

その後、クラフトジンのブームが起こり、シードルの醸造所も次々とできた。長く欧米より見劣りがすると思われてきた国産ワインも、品質が海外で高く評価されるようになり、甲府ワインなどが注目されている。2014年～2015年に放送されたNHKの朝ドラ『マッサン』の影響やハイボールの流行で、ウイスキーも人気が高まっている。

少し前まで、酒といえば大手メーカーを中心にしたビールか発泡酒か、あるいは日本酒か焼酎かと言われていたのに、この百花繚乱《ひゃっかりょうらん》ぶり。嗜好の多様性が、アルコールにも及んでいるということなのだろうか。

クラフトビールに関して言えば、広がるブームの背景に手づくり志向もあるように思われる。カフェブームの一端を、若い人たちが始めるリノベーションの店が担っていたように、今世紀に入って、自分の手で何かをつくる、あるいは誰かが手づくりしたものを喜ぶ、という傾向が強まっている。

食べものではないが、２０００年代前半には手づくりせっけんブームが起きて、化粧品なども手づくりすることが流行った。２０１０年代は発酵ブームで塩麹や味噌の手づくりが流行っている。パンやスイーツの手づくりも人気が高い。

手づくりする魅力は、つくる手ごたえが楽しいこと。また、何を使ってどのようにすれば完成するのか、その工程を知ることができる点も重要だ。カスタマイズできるので、既製品にはない味も出せる。粗っぽいできでも、温かみを感じられるのかもしれない。

私たちが暮らす社会で今、切実に手ざわりが求められていることが背景にあるのだ。一昔前には手づくりしていた日々の料理も、多忙やシングル化で外注が進んでいる。ものを書くときも、鉛筆を使って手で行うのではなく、キーボードを使ってパソコンに打ち込む。手紙も電話もあまり使われなくなって、私たちは、手ざわりが伝わらないインターネットを介して、SNSやメールやLINEでコミュニケーションする。買いものもインターネットを介して気軽に行えるようになり、リアル店舗での買いものがかえって不便に感じられるようになっているモノも多い。

機械やコンピュータに、あるいは知らないプロの誰かがつくったものに支えられた便利な生活。都会で暮らしていれば、隣の人の顔も知らないし、通りすがりの人とあいさつすることもないという人は珍しくない。そんな生活だからこそ、自分の手を動かしてものをつくる、あるいは誰か顔が見える人が手間をかけてつくったものを求めるのではないだろうか。「クラフト」の流行は、手づくりが当たり前でなくなった時代ならではの現象と言えるだろう。

緑茶ドリンクの成立

会議や昼食会で、ペットボトルのお茶が並ぶさまは今、当たり前の風景となっている。しかし平成の初め頃までは、女性たちが急須でお茶を淹れて出していた。10時半、15時などにお茶の時間が設けられている職場もあり、女性たちは仕事を中断して用意をした。牧歌的な光景は、女性社員が自分の時間を犠牲にすることで成り立っていた。

緑茶は、お湯を少し冷ましてから淹れるなど、うまみを引き出すにはコツがいる。この技術があるかないかで、母親のしつけがちゃんとしていたかが憶測され、淹れた女性が「いいお嫁さん」になれるかどうか、周囲は勝手に判断していた。昭和は、そんなセクハラな視線も珍しくない時代だった。

また、ピクニックや旅行で手づくり弁当を持参し、朝お湯を沸かしてつくったお茶を入れた水筒を一緒に用意する人も珍しくなかった。行った先に、飲みものを売る自動販売機や店があるとは限らなかったからだ。

私も子どもの頃、遊園地などのお出かけや帰省旅行の朝は、母が大きなタータンチェック柄の水筒にお茶を入れ、ふたを開けて冷ましていた光景を覚えている。遠足には、砂糖入りの紅茶を用意してもらうことが楽しみだったのも覚えている。暑いときには、プラスチックの水筒に麦茶を入れて冷凍庫で凍らせ、遠足や運動会などに持って行った。お昼までには溶けきっておらず、何度も水筒を振って溶かしては少しずつ飲んだものだった。

これらの昭和の風習は今、どのぐらい残っているだろうか。エコロジーの観点から水筒を持ち歩く人はいる。しかし、職場で急須で淹れたお茶が出される場面は、ほとんどなくなっているのではないだろうか。また、急須がない家庭も多くなった。

急須で淹れるお茶、水筒が不要になったのは、ペットボトルのお茶が普及したからだ。2リットル入りペットボトル飲料を箱買いしている家庭も多いだろう。外出先では、どこにでもあるコンビニや自動販売機でペットボトル飲料を買えるし、会議ではペットボトルのお茶を並べればいい。仕事先で出される飲みものが、ペットボトル飲料という場合も珍しくなくなった。

昭和と平成の風景が異なるのは、ペットボトル入りの緑茶が発売されたのが、1990（平成2）年だからだ。平成とともに登場したペットボトル入りの緑茶は、職場の女性たちの雑用をへらし、家庭から急須を追いやっていく。

緑茶ドリンクを最初に出した伊藤園のWEBサイト「お茶百科」を観ると、缶入り緑茶の発売は1985年である。そして緑茶より先に、缶入り烏龍茶が1980年に発売されたとある。緑茶の発売が遅れたのは、開発に10年もかかったからだった。緑茶は淹れて数時間後にはカテキンが酸化し、茶色くなり香味も失われてしまう。それを防ぐために窒素を注入する技術を開発して、伊藤園は緑茶ドリンクを世に送り出した。

1990年以降は急速に緑茶飲料の市場が大きくなり、やがて他社も参入して、コンビニに何種類かのペットボトルの緑茶が並ぶおなじみの風景ができあがった。

伊藤園が緑茶を手軽に飲めるように、と緑茶ドリンクを開発したのは、1970年代には食生活の洋風化で急須でお茶を淹れなくなってきたからだという。しかし、『お茶は世界をかけめぐる』(高宇政光、筑摩書房)によると、急須で淹れる習慣が広まったのは、より繊細な淹れ方を要求する煎茶が普及した1970年代。それまでは土瓶ややかんで扱いやすい番茶を淹れていた。日本茶を家庭で淹れる習慣が平成になって廃れていくのは、煎茶が普及してお茶を淹れることが難しくなったからかもしれない。

今、緑茶ドリンクを飲むのは、買えるからという人も多いだろう。弁当を買えばお茶、のどが渇いたからお茶、と気軽に飲むのは、お茶を買うことができるからだ。今はお茶ブームで、産地にこだわったり、フレーバーティーにするといった、新しい緑茶の飲み方も登場している。時代に合わせて進化することで、古いものは生き残っていくのである。

タピオカ・フィーバー

2019年に中国で初症例が確認された新型コロナウイルスは、あっという間に世界中

2010年代末、食感とインスタ映えを求めて「タピ巡り」

タピオカドリンクは日本人に甘い烏龍茶、甘い緑茶への抵抗感を超えさせた

に流行した。人と人の接触でうつるこの感染症の流行は、現代の世界で、いかに人の交流が活発になっているか気づかせるものでもある。

私たちの暮らしは、ほかの国・地域とのビジネスをはじめ、さまざまな人とのつながりなしには成り立たない。今もインターネットなどを通じて私たちは世界とつながり、力を合わせて困難な時期を乗り越えようと模索している。

ところで1年前、世の中の注目を集めた流行は、おいしくてインスタ映えして、町で手軽に持ち歩けるタピオカドリンクだった。原宿や中目黒など、タピオカドリンクのスタンドが立ち並ぶ町では、ドリンクを手にした若

い女性であふれた。ビジネスマンや、ミドルな夫婦たちも、店に行列していた。

私も去年、数店ほどで買ってみたが、店によって味わいが違うのが面白かった。中には、タピオカに芯が残っている残念なものもあったし、粒の大きさも店によって違っていた。このバラエティの豊かさが、「タピ巡り」とハシゴする若者をふやしたのだろう。

それにしても、緑茶や中国茶にミルクや砂糖を入れるドリンクを、抵抗なく飲む日本人がこんなに多いのは驚きと言える。欧米でそういう習慣があると聞くと、嫌がる人は今もたくさんいるからだ。ブームの折、甘い烏龍茶や緑茶への抵抗感を聞かなかったのは、そこにタピオカが入っていて、ふつうのお茶とは別物と思った人が多かったからだろう。

抵抗が少なかったもう一つの理由は、スターバックスがすっかり浸透し、コーヒーにいろいろなものを加えてデザート感覚で飲む習慣を身につけた人が多くなっていたことだろう。それがスイーツ感覚のタピオカドリンクを受け入れる素地になっていたと考えられる。

流行の理由は、インスタ映えするから、クニュクニュしたタピオカの食感が日本人の好みだからなどと分析されている。

私はそれに加えて、お茶がおいしい、というグルメな点が流行が幅広い世代に広がった理由だと去年書いたことがある。

タピオカドリンクは日本だけの流行ではなく、アメリカが先行していた。中国や韓国でも流行した。このドリンクを好きなのは、日本人だけではないのである。

ブルーボトルコーヒーなどの「サードウェーブ」と呼ばれる世界的なコーヒーブームがあったことからわかるように、タピオカドリンクの前にはコーヒーが世界中で流行した。

その次に流行る、流行っていると言われたのがお茶だ。どちらも代表的な嗜好品ドリンクだ。しかし、もともとお茶が飲まれていた国では、コーヒーの流行で、お茶文化に陰りが見えていた。

日本もその例外ではない。そもそもペットボトルのお茶が広まっていて、茶葉は売れなくなっている。ペットボトルのお茶は便利で飲みやすいが、上手に淹れた急須のお茶の味にはかなわない。しかし、上手に淹れることは難しい。面倒だ、と思う人も多いだろう。

そこへ登場したのが、タピオカドリンクを売るティースタンドだ。お茶を上手に淹れる技術が、高い店が多い。タピオカの流行が廃れても、お茶で勝負できる、と見越すTHE ALLEYなどのブランドもある。実際、同ブランドのリピーターたちは、タピオカ抜きでお茶を注文していると、去年取材したときに聞いた。

コーヒーがよりおいしくなってブームになったように、お茶が手軽なスタンドでおいしく飲めることで、再発見する人は多いのではないだろうか。

お茶好きの私にとっては、気軽にお茶を飲める環境が整い、流行るのはとてもうれしい。疲れたとき、イライラしたときも、お茶を飲めば落ち着く。もっと流行って気軽においしいお茶が飲める環境が整えばいいなと思う。

タピオカドリンク流行の最大の要因は、台湾から日本へ進出するブランドがふえ、次々と出店したことだ。店がたくさんあるから買う人がふえたのだ。最近は、豆花《トウファ》の店なども台湾から上陸している。人口が少ない国の企業は、海外に市場を求める。人口減少が進む日本の飲食業界も、アジアに多く進出している。

今は海外に行きづらいものの、私たちはお互いを必要としているのだ。

第4章　時代を映す食文化

「平成米騒動」を振り返る

シンガポールやマレーシアなどで人気の茹で鶏をのせた海南チキンライス、インドのピラフのビリヤニなど、最近、人気のアジア飯には、パラパラした食感の香り高い長粒米を使った料理がいくつもある。

数年前から始まったアジア飯のブームは、『Ｈａｎａｋｏ』が２０１７年9月14日号で特集を組み、ＮＨＫの『趣味どきっ！』が２０１８年8－9月号で紹介するなど、メディアで取り上げられる機会もふえて盛り上がった。しかし今回注目したいのは、最近のブームではなく、１９８０年代半ばから１９９０年代まで続いた最初のアジア飯ブームの渦中に起こった、平成米騒動についてである。

それは１９９３年のことだった。この年は世界的な異常気象で日本も冷夏に見舞われ、台風による豪雨も多かった。特に大変だったのは北日本の太平洋側で、平均気温が例年より2度前後も低かった。そのため、コメの作況指数は、第二次大戦後の混乱期を除く戦後最悪の74を記録。飽食と言われた時代に、深刻なコメ不足に陥ったのだ。

この年、コメが２００万トンほど足りなくなることに備え、政府はタイやアメリカなどから緊急輸入を行った。日本人の好みに合わせて開発された、ジャポニカ系のカリフォルニア米は人気だった。しかし、長粒種のタイ米の評価はさんざんだったのである。

まず、パラパラした炊きあがりは、「パサパサ」と受け取られ、独特の芳香は「くさい」と思われた。タイ米はまずいという評判が広まり、小売店でセット販売されたタイ米だけを置いて帰る客もいた。読売新聞は1994年3月16日、タイ出身の主婦が「『タイ米など犬も食べない』などと言う日本人がいたのには驚いた」と悲しむ声を載せている。

トムヤンクンが人気を博すなど、タイ料理はあの頃ブームだったのに、なぜタイ米は嫌われてしまったのか。それを理解するには、あの頃の日本人の食を思い出す必要がある。

あの頃、戦中世代がまだ50～60代で、洋食すら大人になるまで食べたことがなかった人がたくさんいた。まして、都市部を中心に流行り、珍しかったアジア飯など知らない。日本のコメと同じように食べようとして、独特の香りや、箸に引っかからないパラパラ感に違和感を抱き、「こんなのご飯じゃない」と思う人がたくさんいたのだろう。グルメブームは始まって10年ぐらい経っていたが、まだまだ多くの日本人が、世界各国・各地域の多様な食文化を楽しみ、受け入れていたわけではなかった。インド料理店だって、どこの町にもある状態ではなかったのである。

あの頃の日本人の多くは逆に、今よりずっと和食をよく食べていた。醤油も味噌も、今よりたくさん使っていた。和食好きを象徴するのが、コシヒカリと並ぶ人気のコメだったササニシキである。

あっさりした味のササニシキは、和食には合うがカレーライスやこってりした洋食にはちょっと物足りない。今や粘りが強いコシヒカリ系のコメが主力になったのは、あの年、宮城県などで多くのササニシキが倒伏するなどの被害を受けて栽培を止めた農家が多かったことに加え、日本人が和食から離れたからだろう。もちろんササニシキは今でも栽培されており、私はさっぱり感が好きなので宅配で買っているが、スーパーではあまり見かけない貴重なコメになってしまった。

今は、巷にふえたアジア食材店にわざわざ行って、インドの高級長粒米、バスマティライスやタイ米などを買い込む日本人がいる。佐賀県ではコメの消費がへる時代に生き残るため、長粒米の新品種、ホシユタカを売り出している。私たちの嗜好は30年の間に大きく変わった。しかし、いろいろな国や地域の食になじんだ結果長粒米の魅力を認め、受け入れる人がふえているのも、実は日本人がコメを愛しているからではないだろうか。

「英国一家」大人気

イギリス出身のフードジャーナリスト、マイケル・ブースがルポした『英国一家、日本を食べる』（寺西のぶ子訳、亜紀書房）が出てベストセラーになったのは、2013年だった。メディアでもくり返し紹介されて、未収録のルポも第二弾の『英国一家、ますます日本を食べる』として翌年刊行。2015年にはNHKでアニメ版も放送された。そして2018年には再訪して全国縦断した『英国一家、日本をおかわり』（角川書店）が出ている。

第三弾を読むと、前回の訪問から10年ほどの間に、ブースが取材その他でくり返し日本を訪れ、より深く日本の食文化を理解していったことがわかる。なぜ彼はそれほど日本にハマったのか。そしてなぜ私たちは彼の本に夢中になるのか。

第一弾が出た頃、日本は東日本大震災の痛手から立ち直ろうとし始めていた。原発の被害を恐れていた外国人観光客も戻り始めた頃。震災前は600～900万人だった訪日外国人数は、2013年に1千万人を超え、3冊目が出た2018年には3千万人を超えている。いかに急激に外国人旅行者がふえたかがわかる。中国人観光客の爆買いが言われたのは2010年代半ば頃。繁華街、観光地に世界各国の旅行者が目立つ光景はすっかり当たり前になっていた。

観光客にとって日本の魅力は、どこにあるのだろうか。治安が比較的安定してよいこと、地下鉄や私鉄など交通網が発達していて便利なこと、町が清潔なことなど、さまざまな理由はあるだろうが、ブースのように食文化にひかれる人も多いのではないか。特に東京は世界を代表するグルメ都市の一つである。東南アジアのように屋台が多いわけではないが、比較的安価に和食を食べられる定食屋や居酒屋などもある。

第一弾、第二弾を読むと、焼津の鰹節、香川県の醬油、沖縄の第一牧志公設市場など地方も含まれているが、取材先の中心は東京、関西である。それが、第三弾では地方の食文化に興味を抱いて縦断している。彼らの足跡をたどると、日本の食のどこが特別なのかが何となく浮かび上がってくる。

日本は平成の30年間ですっかりグルメ大国になった。２００７年には『ミシュラン』も上陸した。外食店で世界各国の料理が楽しめる東京はもちろん、全国各地でインド料理やイタリア料理の店が、そば屋やラーメン屋と並ぶ定番になっている。

しかし、日本の食の底力はもしかすると、第三弾でブースが注目する地方の食文化の豊かさにあるのかもしれない。外国料理店が軒を連ねる東京では、日本各地の郷土料理を看板にした店もたくさんある。銀座などでは、地方自治体が出店するアンテナショップで各地のローカルな食材を買うこともできる。

出汁の素材一つとっても、昆布や鰹節だけでなく、アゴやいりこを使う地域もある。魚醬もある。醬油も、甘口の九州、金沢、出汁の味を生かす関西の薄口醬油、濃厚な愛知のたまり醬油などがあり、味噌も米味噌、麦味噌、豆味噌の地域がある。東京では、地方の味に触れやすい環境が整っている。なつかしいお国の味に触れたい人もいれば、珍しいものとしてそれらの料理を楽しむ人もいる。新しい食文化を生むベースは、この土着文化の多様性にあるのではないか。

日本はヨーロッパが戦争に明け暮れていた17～19世紀前半、戦争をしないで各地のローカル文化を育てる幕藩体制下にあり、世界から入ってくる情報やモノを最小限にとどめる鎖国体制も敷いていた。その結果、独自の地方食文化が育った。『秘密のケンミンSHOW』などローカル食文化を紹介するテレビ番組を観ていると、地域特有の食文化のエリアが江戸時代の藩に重なることが非常に多いのに気がつく。独自性は250年あまりにわたった江戸時代に育ったのである。私たちが和食と認識する料理も、多くが江戸時代に原型を持つ。

江戸時代もしかし、参勤交代制を敷いて武士とその使用人たちがひんぱんに江戸と地元を往復したことや、後期に庶民の伊勢参りが活発になったことによって交流が広まっている。在来作物の中には、江戸時代に種をよそから持ち込んで定着したものもある。そして江戸は当時、世界有数の人口を擁する大都市だった。

文化が集まる中心地が明確にあり、同時に地方が独自の文化を発達させられる環境がある。そういう時代が400年続いた。もちろん間には戦争や政治、天候が原因の飢餓もある。しかし、第二次世界大戦の一時期を除けば、社会全体が大きな損害を被る災厄は少なかったと言える。平和だからこそ、庶民まで楽しめるグルメ大国が育った。だから、外国の人たちも喜んでこの国を楽しみ、料理を堪能してくれるのではないだろうか。

「フード左翼」とは誰か?

国民の9割が中流と意識した昭和は遠くなり、平成の30年間に格差が広がって、日本は階層社会と認識されるに至った。高所得の両親がいないと高学歴を身につけ、所得と地位が高い仕事に就くのが難しくなる。正社員になれない男女は結婚も難しい。親がシングルで生活が厳しい、親がDV加害者であるなど、難しい家庭環境に育つ子も、勉強に身が入らず、学歴社会でこぼれ落ちていきがちだ。

専業主婦に手厚い従来の社会保障は、ようやく見直されつつあるが、新卒一括採用でやり直しが難しい就業環境は変わらず、一度転落したら這い上がるのが難しい社会の転換は、ほとんど進んでいない。

そんな格差社会で、食に対する姿勢が一枚岩になり得ないのは当然である。食の格差を浮き彫りにしたのが、ライター・編集者の速水健朗が2013年に出した『フード左翼とフード右翼』（朝日新書）である。速水が生み出した二つのキーワードは、サブタイトルの「食で分断される日本人」を鮮やかに切り取ってみせた。

帯に、二つのキーワードで分けられる人たちの嗜好が挙げられている。フード左翼が好きなものは、自然食、ベジタリアン、有機野菜、ビーガン、スローフード運動、ミネラルウォーター、地産地消、マクロビオテック、ファーマーズマーケット。「意識高い系」と揶揄《やゆ》されることもある人たちだ。

対比されるフード右翼の好みは、メガフード、ジロリアン、遺伝子組み換え作物、牛丼つゆだく、ファストフード、水道水、B級グルメ、ジャンクフード、コンビニ。地上波のテレビのバラエティ番組や情報番組に取り上げられる流行は、こちらが多い。ということは、多数派はフード右翼だ。

選ぶ食からその人の思想が透けて見えるという同書の分析は、フランスの美食家、ブリア＝サヴァランの「どんなものを食べているか言ってみたまえ。君がどんな人間か当ててみせよう」という名言を思い起こさせる。内容をくわしく知りたい人は、ぜひ同書をお読みいただきたい。

フード左翼は食にお金をかけて安全性を求める人たちで、フード右翼は安全性より安さや量を優先する人たちだと同書は書く。フード左翼が必ずしも所得が高いわけではなく、エンゲル係数が高くなっても家族に安心できるものを食べさせたい、あるいは自分が危険なものを口にしたくないという人がいる。逆にフード右翼にとって大事なものは、食のほかにある。だから違いは所得や階層だけでなく、価値観からも影響を受ける。

しかし、例えば遺伝子組み換え食品について何が問題なのか理解するには、積極的に情報を取りに行かなければならない。あまり報道されていないし、情報の正確さを見抜くことは至難の業だ。つまり、フード左翼になるには、食に埋め込まれているさまざまな情報のリテラシーが必要なのである。

一方で、経済的に余裕がない、多忙過ぎるなどの理由で、言い訳しながら加工食品や中食を買ってきて食卓に載せる人たちもいる。その人たちは、「正しいのはフード左翼」と思いつつ、現実的な選択としてフード右翼になっている。何しろオーガニック・ムーブメントは日本で小さく、自然食はかなり割高である。

そして、情報の海に溺れるより、食べ慣れた高カロリーのものをいつものように食べる安心感を求める人たちもいる。ジャンクフードやB級グルメには、やみつきになる魅力がある。そして考えることがわずらわしい人、わずらわしいときには、手っ取り早く手に入るものを口にしていたい。食べているものが何でできているのか知ることが、パンドラの箱を開けることにつながりそうで目を背ける人もいる。

フード左翼の私としては、フード右翼が圧倒的多数だから、日本は国産のオーガニック食品が少ないままなのではないかと思ってしまう。そして、遺伝子組み換え食品の流入を防ぐ法律がザル法かもしれないと気になる。良質なものより安いものが支持される国。良質なものの魅力を伝える声が小さい国。メディアや政治の中枢にいる高所得の人たちも、フード右翼なのだろうか。それで、安全性より目先の安さが重視されるのか。

もちろん、安いことイコール悪いことではない。F1種の野菜や、食品添加物が入る食品が大量生産できるようになったから、多くの人が飢えずにすむようになった現実もある。

しかし、小手先の安さは、実は大きなコストを支払うことにつながっているかもしれない。カロリーの高いものばかりの食生活が、生活習慣病への近道であるように。安くすむはずの原発が、数万年以上と気が遠くなるほど長い期間、将来世代に後始末をまかせたまま大量の放射性廃棄物を生み続け、ひとたび事故が起これば多くの人を困難に巻き込むように。

政治的な力を持つ人たちは、良質なもののコストを下げる方法を探り、良質なものの魅力を、イデオロギーに頼らずていねいに伝えていくべきなのではないだろうか。実はフード右翼の中には、情報が身近にないためその道を選んでいる人も、少なからずいると思われるから。

遺伝子組み換え食品の登場

1996年、遺伝子組み換え作物の商業栽培がアメリカで始まった。それは大きな変化だった。今や世界の耕地面積の約1割で、遺伝子組み換え作物が栽培されており、商業栽培こそまだ行われていない日本は、遺伝子組み換え食品の輸入大国である。

遺伝子とは、生物の設計図のようなものだ。細胞一つひとつに入る核には染色体があり、その中のDNA（デオキシリボ核酸）のうち遺伝情報を伝える部分が遺伝子である。遺伝子組み換えとは、バイオテクノロジーを使って、ある生物の遺伝子を種が異なるほかの遺伝子に組み込むことである。

『プロブレムQ&A　遺伝子組み換え食品入門［増補改訂版］』（天笠啓祐、緑風出版）によれば、自然界でも細菌に食らいつくウイルスの中に、ラムダファージと呼ばれる生物がいる。ラムダファージは、細菌にくっついてDNAを注入し、細菌のDNAを利用して増殖する。しかし多くの場合、遺伝子は種の壁を越えて移動しない。だから、ファンタジーの世界で活躍するオオカミ人間は、実在はしない。

アメリカでつくられている遺伝子組み換え作物は、トウモロコシ、大豆、ナタネ、パパイヤ、アルファルファ、テンサイ、リンゴ、カボチャ。カナダではナタネやトウモロコシ、大豆、テンサイ、リンゴが、中国ではパパイヤ、ポプラ、トマト、ピーマンが栽培されている。

日本が輸入する遺伝子組み換え食品は、トウモロコシ、大豆、ナタネ、食品添加物である。大半が食用油か家畜の飼料となり、そのほかにもマヨネーズ、マーガリン、醬油、コーンスターチの原料になっている。コーンスターチからは、ブドウ糖加糖液糖、デキストリン、醸造用アルコールなどさまざまな食品添加物がつくられている。だから私たちは、知らない間に遺伝子組み換え食品を口にしているのだ。

遺伝子組み換え食品が問題なのは、安全性に疑問があること、生態系に影響を及ぼすこと、そして多国籍企業によって種子が独占され、食糧支配につながっていることだ。

人間は、農業を始めたときから、より多く実るもの、より大きな実が生《な》るもの、よりおいしいものを求めて交配を行ってきた。それは選び出した二つの個体を受粉させる方法で、その作業を何世代にもわたって地道にくり返し、野生の植物より大きくてたくさん実り、おいしい作物を得てきた。しかし、遺伝子組み換え技術は、例えば害虫を殺すなど、植物が自然に育っていては得られない性質を持つ遺伝子を直接組み込む。

遺伝子組み換え種子の27パーセントを支配しているのは、アメリカに本社があるモンサントだったが、2016年にドイツのバイエルが買収した。農薬会社として知られるモンサントは、1962年にアメリカで出版された『沈黙の春』が同社が販売するDDTによる自然破壊を告発した結果、主要国でDDTの使用が禁止されるに至った過去がある。バイエルは化学および製薬会社で、どちらも農業分野における世界企業である。

遺伝子組み換え植物の効用と被害の実態については、さまざまな見解が錯綜《さくそう》していて、化学分野は門外漢の私にはわからない面もあるので、ここでは立ち入らない。それでも、被害の大小にかかわらず、遺伝子組み換え食品をつくり続けることには反対だ。

なぜなら、2020年の新型コロナウイルスの感染拡大でわかったように、いくら科学が発展しても、人間が管理し想像できる範囲は知れているからだ。文系人間の私が、遺伝子操作と言われて思い浮かべるのは、広島で原爆を受けた人の細胞の核に入っている染色体が2本から3本にふえた、という写真をテレビのドキュメンタリー番組で観たことだ。

原爆や水爆といった核兵器は、原子核を分裂させることで生まれる強力なエネルギーを、連鎖反応させて周囲を破壊する。その分裂の程度を制御するのが原子力発電である。

しかし、よく知られているように、世界の原発はこれまで何度も事故を起こしている。人間には核分裂を完全に制御する能力はないのではないか。記憶に新しいのは、2011年の東日本大震災によって起こった福島第一原発事故だ。当時、爆発を防ごうと、自衛隊などが奮闘するテレビの実況中継を観ていた私の頭の中では、クラシックの「魔法使いの弟子」の音楽が鳴り響いていた。

私たちは魔法使いではなく、その弟子に過ぎない。自然界になかったものを人為的につくり出すことで何が起こるのか、予想できることは限られている。福島の事故の前、「原子力なんて人間がコントロールしきれるものではないでしょ」と言った私は、「厳重に守られているから安全だ」と、技術畑の人から返されたことがある。しかし結果はどうだ。

自然はときに人間の予想を超える。遺伝子組み換え食品も、自然界で、そして食べた私たちの体で、どんな作用をもたらすのかわからない。人間の浅知恵なんてたかが知れている。科学が発達した時代だからこそ、そういう謙虚な心を持つことが必要ではないだろうか。

スローフードブームがもたらしたもの

イタリアで1986年、マクドナルドなどのファストフード文化に対抗しようと設立されたスローフード協会。産業化で失われつつある地域の食文化を残すため、さまざまな活動を行ってきた。世界に広がった彼らの運動を紹介したノンフィクションが、『スローフードな人生！』(島村菜津、新潮社)である。

2000年に出たこの本と島村を、前年に創刊されたエコ雑誌『ソトコト』(木楽舎)が、くり返し紹介していたことが功を奏したのか、2000年代前半、日本でもスローフードブームが起きた。やがて日本各地にスローフード協会ができ、2016年には全体を統括する日本スローフード協会が組織されている。同協会のWEBサイトによると、世界160カ国以上に活動の幅が広がっている。

流行としてのスローフードブームは数年で下火になったが、運動は多くの人の心に訴えかけ、定着して広がっている。日本でこの運動が紹介されて広まった2000年代初頭は、バブル崩壊が深刻な不況に転じたばかりだった。1997年には山一證券など大手金融機関がつぶれ、社員の解雇が横行した。1995年には阪神淡路大震災、地下鉄サリン事件が起こり、多くの人を不安に陥れた。安定的に成長した昭和後半と、バブル経済の好景気に浮かれた後に続いた苦難で、疑心暗鬼になったのか、問題を個人に押しつける「自己責任」という言葉が流行った。

経済成長を追い求める中で失ったものは何か。便利で快適な暮らしを求めるだけでいいのか。足元を見つめ直す人たちに、「スローフード」という概念や、そういう食べものを中心にした「スローライフ」がしっくりハマったのだと思う。

言葉こそ知らなかったが、各地でスローフードをつくっている生産者たちはすでにいた。農薬も化学肥料もない時代から受け継いできた、在来作物をつくり続ける人たち。大手メーカーに卸すための製造を止め、自分たちのブランドを育てようとする造り酒屋の人たち。使い続けてきた木桶《きおけ》による天然醸造が、独自の魅力につながっていると気づいた味噌、醤油などの醸造家たち。

こういったいわば、周回遅れのトップランナーたちが、メディアを通じて紹介される。

インターネット時代になり、自らＳＮＳなどを使って発信し始める人たちもいる。都会の消費者に伝わったことで、再評価されるつくり手たち。そんな人たちを訪ね、癒される都会の人たち。自然とともにある暮らしを求め、移住する人たちもいる。

もちろん現実は一筋縄ではいかないし、在来作物の中には消えゆく品種もあるだろう。醸造家たちの未来も安泰ではない。田舎暮らしや農業を始めた人たちが、地域に溶け込み安定的な暮らしをできているとは限らない。

しかし大切なのは、効率以外の価値があると認める人たちがふえていること。そういう価値を必要としている人が、手を伸ばせば届く場所に選択肢が用意されていることである。そして私たちは、その選択肢を享受するだけでなく、守っていく側に立つこともできる。

大量生産された安い調味料ではなく、国産の材料を使い、酵母の自然な営みに任せて発酵した調味料は、比較的たやすく手に入る。たとえば国産大豆を使った天然醸造の醬油は、しっかりした味わいがあって、たくさん使わなくても料理の味が決まる。おいしいから、という理由で私は、割高だが材料と製法が信頼できる調味料を使っている。そういう行動が、生産者やそれを届ける流通業者を支えることになる。

自分が生産者になること、あるいは地方に行って手伝うこと、あるいはクラウドファンディングに参加すること。そういうことももちろんすてきだ。でも、一消費者としてその商品を使うことも、生産者を助けることになる。商売は本来、ウィンウィンの活動であるはずだ。生産者が喜び、消費者が喜ぶ。どちらもうれしいことが、ものを売ること、買ってもらうことだ。

なぜ助ける、という言い方をするかというと、そういう小さなつくり手は、手間ひまをかけているからだ。材料費も高いかもしれない。しかし、大きな企業のような宣伝力も、政治力もない。商品を購入することは、その商品を支持する1票を投じることになる。有機栽培に取り組む農家も、雑草をマメに抜き、堆肥をみずからつくるなど手間ひまをかけている。その野菜を買うことも、投票行動だ。買う側にも、もっと安い大量生産品があるのに選ばないことは勇気を要するかもしれない。でも、それがおいしかったり、安心できることが大事なのだ。そうした行動一つで、私たちはたやすく「ていねいな暮らし」を手に入れられるのである。

在来作物に光を当てる

2011（平成23）年に製作されたドキュメンタリー映画『よみがえりのレシピ』は、

観るとおいしい野菜を食べたくなる作品である。地元で受け継がれる在来作物の作品のメガホンを取ったのは、山形県出身の渡辺智史。

登場するのは、在来作物に関わる山形の人々だ。焼き畑農業を続けて、貴重な赤かぶ、藤沢かぶを栽培する農家の女性。サトイモの甚五右ヱ門芋を祖父から受け継ごうと決めた孫。地元の漬けもの店と在来作物を研究する山形大学の江頭宏昌に説得され、外内島《とのじま》キュウリの栽培を継続しようと決めた農家。そして、在来野菜を使った独自のイタリアンを提供するアル・ケッチァーノのオーナーシェフ、奥田政行。店で食事を楽しむ人たちや、外内島キュウリを栽培する小学校での取り組みも出てくる。

声高にイデオロギーを主張するのではなく、食べものをつくる現場に寄り添い、ポジティブに描き出した作品は、多くの人の心を動かした。東京などでロードショー上映されたほか、全国各地で約４５０回もの上映会が実施されて現在に至る。そして全国各地で在来作物を守る運動を広げ、盛り上げてきた。

在来作物とは、何世代にもわたってその地で受け継がれてきた穀物や野菜である。京野菜、加賀野菜など、ブランド野菜として広く栽培されているもの、種苗会社が種を扱うものもあるが、細々と受け継がれてきた作物も多く、中には高齢農家が１人で栽培している野菜もある。つまり、絶滅の危機にある。

衰退してしまったのは、昭和後半以降、効率的で安定的に栽培できる1代限りの交配種、F1に席巻されてしまったからだ。F1の種は種苗会社が販売し、農家は毎年その種を買う。種を採る仕事は手間がかかる。何しろ作物の収穫後も、何カ月も畑を占領させて種が熟すまで待たなければならない。だから今は、専門の農家が種採りを行うことがほとんどだ。白菜や大根、小松菜など多くの品種があり野生種にもあるアブラナ科などは、交配してしまうリスクが大きく、広い土地を確保できる海外で種が生産されている。

F1種の扱いやすさは、年中店頭に並ぶ大根を例にとってみるとよくわかる。しかし、鹿児島県の桜島大根、京都府の聖護院大根、神奈川県の三浦大根などは、真ん中が膨らんでいて抜き取りにくい。一般的な青首大根は、まっすぐに育つため畑から抜き取りやすい。このように、F1種は農家の膨大な作業量をへらしてくれる。サイズも均質に育ちやすいので、大量流通システムにものせやすい。

一方、在来作物を細々と栽培する農家は、つくり続ける理由を「おいしいから」と語ることが多い。自家用の野菜を育てる庭の畑でつくってきた人もいる。手間より味。それは栽培面積が小さく、商品価値を求められなかったから成り立つのかもしれない。

在来作物を守ろう、と考える人々は、平成の30年間にふえた。練馬大根、亀戸大根、内藤トウガラシ、滝野川ゴボウ、寺島ナス、雑司ヶ谷ナス、馬込三寸ニンジンなど多種類の野菜を持つ江戸東京野菜も、1989（平成元）年からJAで保存活動が始まっている。近年は地域おこしのために、地元独自の作物を見出す人たちもいる。

在来作物は、消費地の都市とその周辺では野菜の種類が多く、それ以外では大根やナス、カブなど漬けもの用として栽培されてきた野菜が目立つ。そういった作物の写真を見ていると、全国各地で多様な形、色、味わいの野菜があることに驚く。ありがたいことに、私もその魅力に少し触れたことがある。福島第一原発事故で種を失った農家の叫びを受け、フリーで在来野菜を専門的に扱う八百屋、warmerwarmerの野菜を買ったことがあるからだ。吉祥寺などで在来作物に特化したイベントを開き、ふだんは伊勢丹新宿本店で販売している。

また、管理栄養士やジャーナリストなど、食に関わるプロが組織した伝統野菜プロジェクトが開くイベントにも参加したことがある。そのイベントでは、メンバーが産地を回って農家から話を聞き、集めてきた野菜が並ぶ。専門家による解説、単品での食べ比べ、料理したものの試食、と内容は盛りだくさんだ。このように、在来作物に光を当て、食べてつないでいこうと試みる人たちは、各地にいる。

在来作物はしかし、扱いが難しい。例えば皮が硬いナスやキュウリがある。ウリのように大ぶりの在来キュウリは、単純に塩もみして生で食べるより、炒めたり煮て食べるほうが、私には好みに合う。小さな新潟のナスを生かす料理は、もしかすると天ぷらかもしれない。使い慣れていない人が料理するには、勘を働かせる必要がある。私は何度も失敗しながら、おいしい食べ方を探した。皮がF1種より硬いなど、個性的で調理にコツが必要な場合があることも、もしかすると衰退した原因かもしれない。

地域で慣れ親しまれた食べ方で受け継がれていくのが、おそらく一番いいのだろう。しかし、今は食生活の変化が激しい。たとえば漬けものを食べない人は多く、漬けない人はさらに多い。漬けものとして受け継がれた野菜をサラダにするなど、新しい食べ方を考えなければならない。

レシピがない食材は扱えない、と感じる人もいる。また、興味がないからその希少性を知らない人もいる。衰退するのは、消費者にも原因があるのかもしれない。時代の流れだからしかたがないと受け入れるのか、食文化とその記憶を守るためにできることを探すのか。私たちはその岐路に立たされている。

アリス・ウォータースが始めたこと

「国際スローフード協会会長のカルロ・ペトローニに会ったとき、彼の話を聞いて、私はひそかに『「シェ パニーズ」はずっとスローフードのレストランだった』と思いました」と発言するのは、1971年にカリフォルニア・バークレーでレストラン「シェ パニーズ」を開いたアリス・ウォータースである。

この言葉は、ビジュアル大型本の『アリス・ウォータースの世界』（小学館）から引用した。この本の発売が2013年。同じ年、彼女の活動を描いたルポ『美味しい革命』（トーマス・マクナミー著、萩原治子訳、早川書房）が刊行され、NHKが『アリスのおいしい革命』というシリーズ番組を、BS1で放送。三つの作品をきっかけに、世界の料理やオーガニック・ムーブメントに影響を与えてきた彼女の活動が、日本でも有名になった。

それまでにも、一部の日本人は知っていた。それは、1989年に出た『おいしいサンフランシスコの本』（渡邊紀子構成・編集、白馬出版）がきっかけかもしれない。著者は料理スタイリストで、エッセイなどの著作も多い堀井和子と渡邊紀子。1990年代には、日本でもウォータースが実践する素材を生かした料理が、カリフォルニア・キュイジーヌと呼ばれ流行った。

シェ パニーズの料理は、地元の新鮮な食材を生かすシンプルなもの。入る食材で決まるメニューは、1日1コースのみ。ウォータース自身がつき合う生産者たちは、有機栽培などナチュラルな方法で食材を育てている。今は生産者とつき合い、直接仕入れるシェフやレストランオーナーは珍しくないが、そういう活動を最初に始めたのが彼女である。

ウォータースは、単なるレストラン経営者ではない。オバマ大統領の時代、ミシェル・オバマ夫人を説得し、ホワイトハウスに菜園をつくらせている。

その前の1995年から、「食べられる校庭」と名づけて学校に菜園をつくる運動を起こし、着々と実現させている。アメリカの学校では、炭酸飲料を飲める自動販売機を置いていたり、ファストフードのような給食が出るなど、栄養バランスを調えづらい食環境に子どもたちがさらされてきた。ウォータースは、自分たちで野菜を育てて調理し食べる教育を導入することで、子どもたちが「自分で自分の面倒を見、しっかり食べ、限りある自然資源を守るにはどうしたらいいかを学ぶ」機会を与えているのだ。

地元と直結するレストランを営むことを含め、そうした社会的活動を彼女は「おいしい革命」と呼んでいる。

アリス・ウォータースは1944年、ニュージャージー州チャタムで生まれた。ハイスクール時代に父の転勤でカリフォルニアに引っ越し、カリフォルニア大学に進学した。盛り上がり始めていた学生運動の集会で、カリスマ的リーダーのマリオ・サヴィオがスピーチした「人は決して機械の歯車ではない」という言葉に感銘を受け、世界を変えることはできると信じるようになる。その後1965年にソルボンヌ大学に留学。パリで人々が土地と季節に結びついた暮らしをしていることに感銘を受け、シェ パニーズ開店に至る。当初はとても戦略的なものとはいえず、仲間たちと共同体をつくって始めた活動の形が飲食店だったのだろうと思われる。それが独特の温かい雰囲気を生み、店を世界各国から来たいろいろな人が厨房で学び、影響を受ける拠点にしたのだろう。

私は残念ながらシェ パニーズは未体験だが、同店で修業したフードディレクター、野村友里が開く原宿の「restaurant eatrip」は1度行ったことがある。庭の自然に囲まれた、都心にあるとは思えない古民家レストランの薄暗い部屋で、野生的な野菜を使った料理をいただいた。その価値がにわかにわかったわけではないが、自然栽培や有機栽培の野菜の力は伝わってきた。

今、日本には、さまざまな暮らし方、働き方をする人たちがいる。単にプロとして、商売として営利目的で働くだけでなく、社会活動の一環として仕事をする人、「社会的起業家」と位置づけられるような、社会貢献を目的にした仕事を行う人もいる。昭和の頃に普及した、公私をきっちり分けるような生き方とは異なり、仕事が社会活動なのか生活そのものなのか未分化に見える人たちがふえている。そういう走りの一つが、アリス・ウォータースの「シェ パニーズ」だったのではないだろうか。

彼女の活動が学生運動から始まったように、日本でも、1975年に活動を始めた「大地を守る会」は、初代会長の藤本敏夫がもともと学生運動家だった。1960年代に吹き荒れた学生運動は社会を変えなかったと言われて久しいが、政治の根本が私たちの生活をよりよくしていくことだと気づいた人たちが、実はゆっくりじわじわと社会変革を促していたのかもしれない。

食品ロス問題を考える

多過ぎる食品ロス問題について初めて聞いたのは、2000年代半ばだったと思う。要因の一つとして、日本の食品流通にある「3分の1ルール」という慣習が挙げられているのを、テレビで聞いた。3分の1ルールとは、賞味期間の3分の1以内で小売店に納品すること、そして消費者が購入後、家庭で保存する期間を考慮し、賞味期限が残り3分の1

を切れば店頭から撤去すること。そのため、まだ食べられる食品の多くが捨てられている。

それからしばらくして、まだ食べられる食品を活用するフードバンクの取り組みについて、日本で初めて設立された東京のNPO法人セカンドハーベスト・ジャパンを紹介する文脈で、再び紹介されていた。フードバンクは、寄付された食べものを困っている人に届ける。ぶつかって凹んだ缶詰や、やはり凹んだ段ボール箱に入った冷凍食品など、食べられるけれど売れない商品を寄付するメーカーや、3分の1ルールで廃棄される食品をスーパーなどから引き取り配る。シングルマザーなどの家庭に届けたり、ホームレスの人たちにスープなどにして配ることもある。格差の拡大でふえた貧困層と、食品ロスの二つの問題が、フードバンクの取り組みから浮かび上がる。

私がストックしている新聞記事で、最も古いフードバンクの記事は2008年9月18日の朝日新聞のもので、各地にフードバンクがふえていることを報じている。セカンドハーベスト・ジャパンが設立されたのは2002年。それがこの時期に報道されるようになったのは、リーマンショックが起こったからだろう。その後、職を失った派遣社員などを対象にした年越し派遣村が報道され、格差と貧困の問題が可視化され、解決に向けて取り組むべきだと考える人たちがふえた結果だろう。

その後東日本大震災が起こり、救うべき人たちはますます多くなる。2013年頃から、各地に低額または無料で子どもが食べに来られる子ども食堂の報道が相次ぐようになる。子ども食堂の中には、経費を抑えるためフードバンクを経由した食品を使うところもある。

食品ロス単体でクローズアップされるようになったのは、平成の終わり頃。きっかけの一つは、2015年の国連サミットで世界中で取り組むべきSDGs（持続可能な開発目標）が採択され、食品ロスの削減も必要とされたこと。フランスでは2016年に食品ロスを禁じる法律ができた。イギリスでは人気の料理人、ジェイミー・オリヴァーが食品ロス問題に取り組む番組が放送された。

そして令和になった直後の2019年5月31日、日本でも食品ロス削減推進法が公布され、国全体として食品ロス削減に取り組むべきことが明記された。10月にはセブン‐イレブンが、一部地域でポイント還元という形で消費期限が迫った弁当などを値引きするサービスを始めるなど、さまざまな取り組みが活発になった。

世界全体では約3分の1が食品ロスになっている。日本では、毎日1人あたりお茶碗1杯分のご飯を捨てている計算になる。その中には、フードバンクに流れるような、見栄えは悪くなったが十分食べられるものもあるし、3分の1ルールで撤去されたものもある。

それから、不ぞろいなどの理由で産地で廃棄される野菜なども含まれる。コンビニ食品など、その日のうちに食べなければならない総菜も多い。もちろん、家庭からも食べ損ねた食材が捨てられている。

平成の時代に食品ロスが社会問題になった原因は、見栄えを重視しすぎる価値観と、多忙な人がふえたことで外食・中食への依存が高くなったことだと思う。見栄えに関しては、社会全体で意識を変えていくことが必要だ。

難しいのは、外食・中食への依存を変える方法である。食の安心・安全財団が発表する食の外部化率、年間の食費に占める外食・中食の割合は平成以降、ずっと4割台を維持してきた。それは1日の食事の4割が外食・中食だということだ。フルタイムで働く人がふえ、家族で食卓を囲めない人が多い時代、手づくりの料理を食卓に載せることが難しくなった。そしてつくって食べる頻度がへれば、買った食材を無駄にするリスクは高まる。

自給自足の農村暮らしや、専業主婦が家事を引き受ける暮らしは、多くの人にとっては過去のものである。私たちの暮らしは、消費社会のシステムに組み込まれていて、料理も食べる場も家庭の外にあることが少なくない。廃棄が出ることを前提に提供する総菜などのビジネスが大きくなったのは、そうした家事を外注化する時代の流れにのったからだ。

仕事を持つ人が料理をつくれない最大の要因は、労働時間が長過ぎることではないか。あるいは職場の近くに住めないこと。となると、食品ロスは単に私たちの心がけを変えれば何とかなる問題ではない。しかし、もしかすると、新型コロナウイルスの脅威で在宅勤務がふえたことは、食品ロスをへらすことにつながるかもしれない。

コロナ禍とベイキング

２０２０年は、中国から世界に新型コロナウイルスが広まった。特効薬もワクチンもまだない状態で、感染を防ぐには人と接触を避けるしかない。緊急事態宣言が発令されて外出自粛を迫られた春、自宅で過ごす時間を楽しもう、とパンやケーキを焼く「ベイキング」にハマった人は多いのではないだろうか？

というのはこの春、小麦粉やホットケーキミックス粉の品薄状態が続いたからだ。朝日新聞は5月2日の記事で、これらの商品がフリマアプリなどのインターネット上で高値で販売されるのに対し、農林水産省が「在庫は十分にある」と呼びかけたことを報じた。時事ドットコムの5月16日配信記事でも、富澤商店のパン用の材料が3月下旬から急速に売れて、国産小麦粉のまとめ買いセットの売り上げが前年同時期の5倍弱にもなり、4月21

日に受付数を制限したとある。

SNS上でも、「小麦粉が売っていない!」「ベーキングパウダーが店頭になかった」といった声が相次いだ。私もゴールデンウイーク直後の週末、2日間で近所のスーパー5軒を回ってチェックしてみた。すると、ものの見事に小麦粉の棚が空で、ホットケーキミックス粉がない棚も多かった。もっともピークはそのあたりだったらしく、翌週には小麦粉はちゃんと棚に並んでいたのだが。

クックパッドの食の検索データ分析サービス「たべみる」でも、ベイキング関連の検索頻度は去年の同時期と比べ上がっていたことがわかった。

ふえ方が最も大きかったのがクッキーで、4月18日からの1週間で約3・5倍、次がスコーンで4月28日からの週に約2・9倍。続いてホットケーキミックスを使ったレシピが4月18日からの週で2・8倍、パンは4月25日からの1週間で2倍になっている。いずれも、2月下旬から3月に前年より検索頻度がふえ始めている。また、ケーキというワードでは違いが見られなかったが、最近流行しているチーズケーキでは、4月28日の週に1・65倍になっている。

レシピを検索するのは、ふだんつくらないお菓子やパンをつくる人が多いはずで、もしかすると初めてのベイキングだったのかもしれない。なぜ皆、急にベイキングを始めたのだろうか？

第一の理由は、それが自宅でできる趣味だからだろう。特にパンは発酵させる時間が必要で、手間もかかる。忙しい日々には手を出しづらいが、巣ごもり生活ではむしろ、時間つぶしにうってつけだ。実はアメリカでも、「ストレス・ベイキング」と呼ばれて3月から大流行し、卵不足になるなど製菓・製パン材料が品薄になった。

家族で一緒に作業する、子どもが挑戦するにも、ベイキングはぴったりの遊びと言える。小学生が初めてのお菓子を焼く、中学生が初めてのパンを焼く。粘土遊びのようにこねる感触が気持ちいいし、バターや卵が、混ぜることでどんどん姿を変えるビジュアル的な楽しさもある。また、パンやケーキが焼ける匂いがもたらす幸福感は、手づくりならではのものだ。

そのうえ完成品は、おやつになる。おいしければうれしいし、達成感も満足感もある。次は何をつくろうか、と考えるのも楽しい。

また、1日家にいると、つい何かつまみたくなるもの。気分転換もしたい。そんなときに、おやつを食べる、お茶の時間を設けるなどした人も多いのではないだろうか？　おやつに変化を持たせるため、手づくりした人もいるだろう。手早くつくれるスコーンが、「たべみる」で3月以降著しく検索頻度が上がったことからも、そのことがうかがえる。

コロナ禍での流行、という側面から見たとき、簡単に結果が出ることもベイキングの魅力だ。いつ収束するかわからない不安な日々。そんなとき、人にできるのは今目の前にあることを淡々とこなすことぐらい。つくって完成させて食べる。何事にも終わりがある、ということをすぐに確かめられるのが、ベイキングなのである。

私も5月に入って、久しぶりにクッキーを焼いた。手づくりの楽しさは、売っているものには出せない味をつくれることにもある。もちろんプロの品質にはかなわないが、手づくりだから出せる味もある。焼き加減も自分好みに設定できる。料理で、外食や総菜にはない家庭の味があるのと同じだ。アレンジもできる。パンだったら、好きな具材を練り込む人、包む人がいるのではないだろうか。レシピさえあれば、あまり売っていない種類のお菓子やパンをつくることもできる。そして今は、レシピや食材の選択肢は多い。

もちろん技術的にハードルが高いものもあるが、失敗しても許されるのが趣味のいいところでもある。自分には向かないと思えば、やめればいいのだし、できが今一つでも自分でつくったと思えば愛着も湧く。子どもがつくったと思えば、成長を実感もできる。さまざまな手応えをもたらしてくれるのが、ベイキングの楽しみなのである。

第5章　家庭料理の世界

「子ども料理」に注目

平成が始まったばかりの1989年8月、『きょうの料理』で「夏休み子ども料理教室」が放送された。翌年も7月、8月に同じ特集がある。NHKは、1991年4月から2006年3月まで、子役が料理する番組『ひとりでできるもん!』も放送している。買いものから料理まで1人でやり通す番組は、大人までファンになり教育テレビ(現Eテレ)では異例の視聴率10パーセント台を記録した。巷でも子ども料理教室が誕生し、平成は子ども料理の時代となった。

それはどんな料理なのか。1989年に放送された『きょうの料理』の特集内容を、テキストから拾ってみよう。まず、ハムサラダのレシピを、14枚ものプロセス写真を入れていねいに説明している。合わせてつくるのは「じゃがいもスープ」。「きのこオムレツ」も13枚ものプロセス写真が入っている。組み合わせる料理は、「わかめと油揚げのみそ汁」、ラップにのせて握るおにぎりだ。おやつとして、フルーツ大福と熊本県の郷土料理、いきなりだんごも紹介される。子どもが好きな料理で、包丁の登場回数が少ない、簡単につくれそうなものを選んでいることがわかる。

『きょうの料理』のテキストはこの頃、働く女性、シングル、シニアなど、さまざまなライフスタイルを想定した連載企画を行っている。それは、ライフスタイルの多様化が、この頃から目立ち始めたからである。

その中で紹介された子ども料理は、共働きで忙しいため子どもにも料理をつくって欲しい、親たちの意向を汲《く》んだ部分ももちろんあるだろう。しかしその前に、自分の台所を持って初めて、基礎から覚えないといけない人たちの増加を、番組側が気づいていたこともあるのではないか。

私は以前、『昭和の洋食　平成のカフェ飯　家庭料理の80年』（ちくま文庫）で、料理メディアで家庭料理がどのように紹介されてきたのか変遷を追ったことがある。すると、紹介のされ方から、想定されている主婦の料理技術が次第に下がっていく様子が見て取れた。「簡単」「手早く」といった紹介がふえていくのは、女性が多忙になったからだ。しかし、それだけでなく、基礎が身についていないために、手間のかかることをするのが困難な人に対応する目的もあったのかもしれない。

料理技術が低下していった原因は、子ども時代の料理体験が減少していたことと思われる。高学歴化が進んだ結果、「お手伝いより勉強しなさい」と言う親がふえたのである。親が忙しくなり、教える手間をわずらわしい、と思う人もふえたかもしれない。

しかし、料理ができないと大人になって困る。実感した世代が、自分の子どもには料理を教えたいと考えたのかもしれない。また、共働き社会になれば家事シェアが必要になる。息子たちが将来、料理できないと結婚できないかもしれない、と考えた親もいただろう。

２０１０年頃、「料理男子」という言葉ができて、料理する男性が脚光を浴びるようになった。テレビ東京で『男子ごはん』という番組が２００８年に始まったほか、テレビ番組やＣＭで料理する男性タレントがふえた影響も大きいだろう。この頃自分の台所を持つようになった世代は、家庭科の男女共修世代でもある。それに、もしかすると平成の初め頃から流行った子ども料理の影響もあるかもしれない。『ひとりでできるもん！』に出演した子役には、男の子もいた。

しかし、少し気になるのは、男の子の母親は「息子が将来モテないと困る」と料理を教えたかもしれないが、女の子の母親は「女の子だからって、家事ばかりしつけられた私のようになって欲しくない」と料理をさせなかった人が多かったかもしれないことだ。

私がそう思うのは、平成が終わる頃から、料理に積極的な男性がふえる一方で、若い女性たちが料理嫌いになっている印象を受けるからだ。できないから嫌い、苦手という彼女たち。もしかすると、母親は料理を教えなかった、あるいは女性ゆえに家事の負担が大きいことに苦しむ姿を見せていたかもしれない。

子ども料理が流行った平成の初め、多くの女性は家事シェアを夫に求めることができなかった。彼女たちの世代は、母親が1人で家事を背負う姿を見て育っていた。女性は多忙そうな夫を見て自分が引き受けるべきと感じ、男性は妻が全部やってくれるものと思っていた。当時、家事との両立が難しいから、と退職した女性の例も私は知っている。男性と同じように働きたいと望む女性は多かったが、それを実現するために必要だった夫婦対等への道は遠かった。そんな親たち世代の恨みがもしかすると、今の若い女性たちの料理嫌いに影響しているのではないだろうか。

社会現象化した栗原はるみ

『きょうの料理』の放送でボーダーのTシャツを着て、一工夫あるおしゃれな料理を教える栗原はるみ。年齢を感じさせないはつらつとした姿から元気をもらう人は、たくさんいるのではないだろうか。団塊の世代に属する彼女がスターダムに駆け上がったのは、1990年代。当時は一般メディアで「カリスマ主婦」と呼ばれていた。

第一線に立つ料理研究家が「主婦」とみなされたところから、料理メディア以外の一般メディアが、家庭料理を教えるプロの存在に疎い男性中心社会だったことがわかる。そこでまず、彼女が時代の寵児《ちょうじ》になった1990年代という時代について考えてみよう。

1990年代は、既婚女性に占める専業主婦の割合が少数派になる時代が、始まったばかりだった。働く女性は当たり前になりつつあったが、既婚女性は主婦と思われることがまだ多かった。そして、あの頃の社会は女性にとって働きやすい環境が整ったとはとても言えなかった。

何しろ、1986年に施行された男女雇用機会均等法は、差別的な待遇に対する罰則を設けることができず、「ザル法」と言われた。総合職の名にふさわしい仕事を与えられなかった女性や、コース別人事でキャリアを積みにくい一般職に誘導された女性もたくさんいた。

それでも施行後にバブル期を迎えたことも重なって、均等法は女性たちの意識を確実に変えた。私はその頃、「お嬢さん学校」と言われた女子大に通っていたが、同級生たちもこぞって就職。それが驚きだったのは、少し前の時代なら、「花嫁修業」と称して卒業後働かなかっただろうお嬢さんたちも、その中にいたからだ。

1990年代に企業で女性活用が進まなかったのは、バブルが崩壊して厳しい不況に陥ったこともあるかもしれないが、何より男性たちの意識改革が進まなかったことが大きな要因だった。会社に見切りをつけ、資格や技術を武器にしようと考える女性も多かったが、フリーランスや起業はいばらの道だった。

そんな頃、すてきなライフスタイルとして脚光を浴びたのが、栗原はるみ、山本麗子、藤野真紀子、加藤千恵など団塊世代の料理研究家たちだった。自分を生かせる場が見つけられない若い女性には、彼女たちが自己実現に成功した先輩に見えたのではないだろうか。カリスマ「主婦」たちの料理技術は、生活を通じて培われたものだったからである。

図抜けて人気があった栗原はるみは、同世代からも圧倒的な支持を受けていた。トレードマークのボーダーのTシャツは、中年以上の女性たちが若々しさをアピールする人気アイテムになった。ボーダーの服を着て、当時の栗原のヘアスタイル、ソバージュにして、栗原が経営するキッチン雑貨などの店「ゆとりの空間」に集う。そんな熱狂的なファンの女性たちは「ハルラー」と呼ばれた。

ハルラーたちの憧れは、若い女性と別のところにあった。主婦はなかなか人に認められない立場である。家族は彼女の働きを当たり前と見なして感謝しない。主婦は給料をもらえるわけでもなく、社会的に評価されるわけでもない。おまけに、娘たちは共働き世代で、家庭中心に暮らした自分を否定するかのように仕事を続けている。

自分の人生は果たして正しかったのか……。むなしさを覚えたときに現れたのが、働く女性である前に家庭の主婦であり、「家事が大好き」と公言する栗原だった。彼女に自分を肯定されたように感じる中年女性は、多かったのではないか。

栗原が脚光を浴びたきっかけは、1992年に出した『ごちそうさまが、ききたくて。』(文化出版局)が、ミリオンセラーを記録したこと。画期的だったのは、自伝のようなレシピ本だったことである。自宅キッチンの写真から始まり、栗原が所有する食器を使い、自身の人生を綴《つづ》ったショートエッセイが差し挟まれる。紹介される料理は、すべて家族や来客に出したものだ。

同書は今も新刊書店で見かける。最後に熱いゴマ油をジュッとかける「たこの香味サラダ」、練りゴマをたっぷり使った「ごま味けんちん汁」、ホワイトソースをつくらずジャガイモに生クリームをかけるだけの「ポテトグラタン」。一工夫があってヘルシーでおしゃれ。そんなレシピを考案する彼女の原点は、母にあった。

栗原は1947年に静岡県下田市に生まれた。印刷業を営む家で朝早くから従業員のまかないまでつくっていた母を手伝い、自然に料理を覚えた少女は、短大卒業後にテレビの人気キャスター栗原玲児と出会い、親の反対を押し切って結婚する。

専業主婦の生活に満足していた彼女は、夫から「僕を待つだけの女性でいてほしくない」と言われ、衝撃を受ける。一念発起して料理教室に通い、地元の主婦たちに教える教室を開く。やがて家に来るメディア関係者たちに腕前が知られ、仕事が舞い込むようになる。

運をラッキーで終わらせず、30年以上活躍していられるのは、彼女が人並み外れた努力家だからである。手を抜かずに再現性が高いレシピを研究し続ける姿は、NHKの『プロフェッショナル　仕事の流儀』でも放送された。栗原が発表するレシピは、必ず家庭でつくったもので実践の裏づけがある。そのうえ、鍋や台所の条件が違っていても再現できるように、何十回となく試作するのだ。

彼女が高い水準のレシピを提供しようと努力するのは、日々手をかけた料理を家族と従業員に出し続けた母親を見て育ったからだ。母を見習ってプロフェッショナルになった栗原は、家庭を支える主婦業が、厳しくやりがいのあるものになり得る、と伝えた人でもある。

辰巳芳子が注目された理由

辰巳芳子は、特別な立場にいる料理研究家である。2000年代を中心にひんぱんにテレビや雑誌などに登場した彼女は、「いつも怒っている人」という印象が強い。社会に対して、料理教室の生徒たちに対して、母の辰巳浜子ほど料理の知恵を持たないふつうの人たちに対して。厳し過ぎるのは、純粋で理想が高い人だからではないだろうか。そのレシピは工夫が凝らされており、レシピに従ってできる料理は、クリアな味わいと慈しみ深さが感じられる。

私は、あまり人のレシピで料理しない。日々の料理は単純でいいと思っているので、素材と天候などの条件に合わせて、適当につくるだけ。しかし、『小林カツ代と栗原はるみ料理研究家とその時代』（新潮新書）を書く際、辰巳芳子のレシピ本を読むうち、つくってみたくなった料理があった。その一つが「焼き茄子《なす》の味噌汁」である。オリジナルは母の浜子のもので、『手しおにかけた私の料理　辰巳芳子がつたえる母の味』（辰巳芳子編、婦人之友社）に掲載されている。

浜子が、フライパンにゴマ油を敷き軽く焼いたナスを、味噌汁の具にするアイデアを思いついたきっかけは、「皮つきの生茄子を入れると汁の色が変わって見えるから」だった。

家族に好評だったというその味噌汁は芳子も食べたはずで、もしかすると、ナスの味噌汁は油で焼いたものを使うと思って育ったかもしれない。

ナスが汁の中で崩れることを不満に思ってきた私は、このレシピを読んでさっそく試した。すると、油膜のおかげで型崩れしないナスはほかの具がいらないほど存在感があり、ゴマ油の香ばしい香りも楽しめる。以来、夏の前後によくつくるようになった。

辰巳芳子自身のレシピで気に入っているのは梅ジャムだ。完熟梅を茹でて柔らかくし、半日かけて水を数回取り換える。裏ごししてから火にかけ、ザラメを加えて煮詰め、塩で引き締めて完成する。透明感のあるオレンジ色のジャムは、つくるのは面倒だが爽やかでクリアな味がする。つくったのは自分なのに、毎年「辰巳芳子さんのレシピは最高。本当にすばらしい！」と感動するのである。

辰巳が、１９０４（明治37）年に生まれた母親のレシピを復刻し伝えようとするのは、便利になる前の時代、女性たちが受け継いでいた暮らしを楽しむ知恵がそこに込められているからではないか。日々をいとおしみ、季節感を大事にする。食べさせる相手を思いやり、一工夫する。そんな母を尊敬するから、芳子は現代に伝えようとする。

残念ながら、明治の知恵はなかなか平成の人々には伝わらなかった。もどかしいから、辰巳は「いつも怒っている人」にならざるを得ないのだろう。

しかし、その声に耳を澄ませなければと思う人は、メディアの世界にもいたのだろう。辰巳を主役にしたNHKの番組や、ドキュメンタリー映画『天のしずく』がつくられ、歴史的な人物の評伝特集も行う『別冊太陽』（平凡社）でも取り上げられた。『AERA』の「現代の肖像」など、男性読者が多い雑誌にも登場している。

辰巳の活動は料理を教えるだけにとどまらない。ドキュメンタリー番組で取り上げられたのは、病院などでスープのつくり方を教えて患者たちに提供し、喜ばれていたからでもある。そのスープのレシピは、倒れて嚥下《えんげ》障害になった父親に、母と2人で考案したものが土台になっている。それがやがて辰巳自身が教室を開くことに結びつき、『あなたのためにいのちを支えるスープ』（文化出版局、2002年）刊行に至る。料理研究家として世に出るきっかけは、大切な人を救う行為だったのである。だから、そのレシピは手間がかかるが滋養に富み、忙しい日々につくる料理とは一線を画す。

彼女は、日本人の食の要の一つ、大豆の自給率が5パーセント程度にまで落ち込んだことを憂い、小学校などでの大豆づくりを奨励する「大豆100粒運動」も始めている。良質な食材を後世に伝えるための「良い食材を伝える会」（現食材の寺小屋）の会長にもなった。

辰巳は1924（大正13）年、東京に生まれた3人きょうだいの長女である。第二次世界大戦中に結婚するが、夫は戦死し、戦後実家に戻って両親と暮らす。保育の仕事に就くが結核を発症。回復した後、料理研究家となった母の仕事を手伝うようになる。母は、料理上手が見出されてデビューした。高度成長期にはテレビの『きょうの料理』で、「台所入門」講座を受け持ち、教え方の厳しさが「姑《しゅうとめ》のよう」と言われたほどである。

浜子の料理が普遍性を帯びていることは、芳子が復刊した本がどれもよく売れていることからもわかる。『手しおにかけた私の料理』は、手元にある本が2006年時点で19刷にもなっている。

母の教えと自身の考えを伝え続ける辰巳芳子が、心から願っていることが、「現代の肖像」の記事にある。「もう一度、人間らしい心を取り戻すには、心をこめて三食を整えていくこと。それは非常に身近で、誰にでもできる有効な手段なのです」。それは、ほかの誰でもない私たちに向けたメッセージなのである。

土鍋炊きご飯の発見

長い間、日本人はかまどでご飯を炊いてきた。薪を使うため、火の前でつきっきりの番をしなければならないうえ、火を操り、おいしく炊き上げるには経験が必要だった。そのため昔は、焦げついたりコメに芯が残る、といった失敗をする人もたくさんいた。

1955（昭和30）年、東芝から発売された世界初の自動式の電気炊飯器は、そんな困難で経験が必要なかまどの炊飯から、女性たちを解放した。

また、この頃一般的になったガスコンロでも、スイッチ一つで火加減が調節できる。私の母は電気の炊飯器を試したが、「おいしくなかったから」と炊飯がまを使って炊くようになっていた。そんな風に炊飯がまを買ってガスの火でご飯を炊く女性も多かったに違いない。

私は母から、炊飯がまでご飯を炊く方法を教わった。コメを洗ってから、人差し指の第一関節までの高さの分だけ炊飯がまに水を入れ、30分置いてから強火にかける。沸騰したら一呼吸ほどカタカタ言わせて、弱火にして10分炊く。火を止めてから10分蒸らしてふたを開け、ご飯をよくかき混ぜてできあがり。

今、私は毎日コメを炊くが、使うのは炊飯器。ご飯をコンロで炊くと、2口しかないコンロでほかの料理が一つしかできないからだ。それに、昭和半ば頃と違って炊飯器は格段に進化し十分おいしく炊ける。

かまどでご飯を炊くのは難しいが、熟練の技を持つ人がかまどで炊いたご飯の味は炊飯器の比ではないらしい。だから炊飯器はずっと、かまどで炊いた理想的なご飯をめざして開発されてきた。その成果の代表が、昭和の末年、１９８８年に松下電器産業（現パナソニック）が生み出したＩＨ炊飯器だ。一般社団法人日本電機工業会のＷＥＢサイトによると、それは「ステンレスとアルミの2層鍋を使用し、電磁誘導加熱（ＩＨ）で鍋自身が発熱する。強火の全周均一加熱でご飯をおいしく炊き上げる」しくみだ。その商品が大ヒットして、やがて他社も発売するようになり、昭和の後半主流になった、コンピュータが自動で火力を調節するマイコン炊飯器を押しのけていった。

２０００年、三重県伊賀市の窯元、長谷園《ながたにえん》が炊飯用の土鍋をコンロにセットして炊く「かまどさん」を開発発売した。そこから、土鍋で炊くご飯が流行。発信源を知らない人も、「土鍋でご飯を炊くとおいしいいんだって」と噂を聞きつけ、手持ちの土鍋で試したらしい。

私も、気合が入る栗ご飯を炊く際、手持ちの土鍋で炊いてみたが、今一つ炊飯器との違いがわからず習慣化はしなかった。また、その後しばらくしてル・クルーゼの鍋がブームになり、ふたが重く密閉性が高いことから「ル・クルーゼの鍋でご飯を炊くとおいしい」という噂も立った。私はそれを聞いて、ステンレス製でふたが重く密閉性が高い鍋で、急いでいるときや、ピラフをつくるときなどに、ご飯を炊くことがある。しかし、味の違いはわからない。

炊飯器も進化が続き、最近は10万円もするような高級品が当たり前に店頭に並んでいる。10年ほど前に家事家電マニアの男性芸人たちが、「家電芸人」というくくりでテレビのバラエティ番組に登場し、製品の特徴をわかりやすく語るといった、家電ブームがやってきたことも影響しているだろう。

先の一般社団法人日本電機工業会のページに、高級ＩＨジャー炊飯器の発売が２００６年とある。そして２０１０年に羽釜形状の高級ＩＨ炊飯器発売。そもそも家電自体の革新がブームを呼んだのだ。２０１６年には、「内釜にさまざまな工夫をした高級ＩＨ炊飯器が主流に」なったようだ。

私も最近、ダイヤモンドを埋め込んだという内釜がついた、定価約3万円の炊飯器に買い替えた。高級品には手を出さないせいか、前の機種との炊き上がりの違いはやっぱりわからない。10万円クラスなら、まるで違う味が出るのだろうか。

かまどからガスコンロへと世代交代した昭和の頃、炭火で焼いた魚が一番おいしいと、七輪をなつかしがっていた大人がいた。実際、焼き鳥屋その他で炭火を使った料理は、今でも人気がある。炭や木を使った料理には、ガスや電気には出せない味わいがあるのだろう。木を燃やす火で料理したときに生まれる味わいを、電気を使う炊飯器メーカーは追求し続けている。

道具の進化もあって、ご飯の味はどんどんおいしくなっているらしいのに、ご飯をあまり食べない日本人はふえ続けている。農林水産省が作成した食料需給表によると、コメの消費量は１９６２（昭和37）年度から一貫して減少傾向にある。総務省の家計調査では、２０１１年にコメはパンに消費金額を抜かれた。ご飯が「たまのごちそう」になる日は、きっと近い。

ル・クルーゼ好き世代

２０００年代半ば、食卓の周りでは、カラフルな色やポップなデザインが流行していた。一つはキャラ弁。それからマカロン。そしてル・クルーゼの鍋。おしゃれで楽しい流行は、もしかすると1970年代半ばに生まれた団塊ジュニア世代が、結婚や出産をする年齢になったから起こったのではないか。2005年、1975年生まれは30歳だった。

なぜ団塊ジュニアとポップな食の流行を結びつけるかというと、親子ともども戦後生まれのこの世代はおしゃれに敏感で、次々と新しい流行を生み、あるいは流行にのってきたからだ。1990年代、彼女たちは女子高生ブームの中心にいた。ポケベルを使いこなし、たまごっちを育て、使い捨てカメラで日常をパチパチ撮っていた。

日常をイベントに変えることが得意な彼女たちが、結婚や出産をする年齢になった2000年代。新しいスタイルの生活雑誌が次々と創刊された。2003年にライフスタイル誌の『クウネル』（マガジンハウス）と『天然生活』（地球丸／扶桑社）が、2005年に『うかたま』（農文協）が創刊されたほか、2004年に創刊された生活情報誌『Mart』（光文社）が、「もっと生活遊んじゃおう！」のキャッチフレーズで、台所周りの商品を紹介し始める。そんな中、ル・クルーゼの鍋が脚光を浴びた。

ル・クルーゼの鍋の最大の特徴は、カラフルなカラーバリエーションである。赤にオレンジ、ピンク、青、緑……。見た目だけではない。1925年にフランスで生まれたこの鍋は鋳物ホーロー製で熱伝導率がよく、ふたが重いのでご飯も炊ける。煮込み料理や蒸し

重くて使い勝手も悪い面もあるが、ル・クルーゼの鍋は料理への新しい視点をもたらした

煮にも威力を発揮する。おしゃれな料理が簡単にできることも、人気を後押しした。

ただし、直径20㎝のもので約2・8㎏と重く、ガラス質のホーローは、落としたり衝撃を与えると欠けたりヒビが入ったりする危険がある。空焚《からだ》きも厳禁と、取り扱いには注意を要する。

私があの頃、団塊ジュニア世代の友人から「火の通りも早いし、ご飯もおいしく炊けるんです。料理が上手になりますよ、ぜひ！」とすすめられたのに買わなかったのは、この使い勝手の悪さのためだ。テフロン加工のフライパンですら、「ゴシゴシ洗えないから不便」と、鉄のフライパンに買い替えたほど。そんな私が触れれば、美しいル・クルーゼの鍋があっという間に傷だらけになってしまう、と思ったのだ。

幸い、家には母が「昔買ったけど使わなかった」と譲ってくれた、5層構造のステンレスでコーティングした無水鍋があり、ル・クルーゼの鍋みたいに蒸し煮や煮込みに重宝していた。銀色なので、かわいくもなんともないが……。

興味深いことに、無水鍋は団塊ジュニアが生まれた1970年代に流行していた。同じ頃、花柄の鍋やポットも流行。あの頃人気だったかわいらしさに便利さも兼ね備えたのが、ル・クルーゼの鍋なのだ。親子2代で、生活を楽しめる流行を体験している。

団塊世代が母親になった頃、ル・クルーゼの鍋が流行らなかったのは、まだ日本で売っていなかったからだ。ル・クルーゼの日本法人が設立されたのは、1991年。広まり始めたのは、フランスからやってきた料理研究家、パトリス・ジュリアンが、1994年に『お鍋でフランス料理』（文化出版局）という本を出したことがきっかけだ。

2000年代半ばに大流行した要因は、まず料理研究家の平野由希子が次々とル・クルーゼの鍋を指定したレシピ本を刊行したことだ。最初の1冊は、2003年発売の『ル・クルーゼ」だから、おいしい料理』（地球丸）である。続いて、『Ｍａｒｔ』がくり返しル・クルーゼの鍋とそれを使った料理を紹介している。創刊当時の同誌は勢いがあったから、

『Ｍａｒｔ』で知って鍋を買った人は多かったのではないか。流行に乗るように、フランスからストウブが２００５年、シャスールが２００７年に上陸。鋳物ホーロー鍋の流行が盛り上がった。

あの流行から10年あまり。その後、他のブランドも上陸し、日本でも２０１０年にバーミキュラという鋳物ホーロー鍋が登場。すっかり鋳物ホーロー鍋は、定番の一つになった。鋳物ホーロー鍋を買ったことがきっかけで、料理にめざめた人もいるだろう。道具が料理の腕前を左右することに気がついて、道具にお金をかけるようになった人もいるだろう。流行はいつも、新しい視点と世界をもたらしてくれるのである。

時短ブームの背景

２０１０年代後半、レシピの世界では時短ブームが続いた。時短レシピとは、調理プロセスを簡略化したり、つくりおきをすることで、忙しいときの調理時間を短縮する方法だ。

２０１４年から始まった書店員が選ぶレシピ本コンテスト、料理レシピ本大賞ｉｎＪａｐａｎでも、時短レシピ本の受賞が相次ぐ。最初に料理部門で大賞を取った『常備菜』（飛田和緒、主婦と生活社）など、２０１０年代半ばはつくりおき料理のレシピ本が次々とヒットした。

2010年代後半になると、プロセスを簡略化したレシピ本へとトレンドが変化していく。それを象徴するのが、2018年の受賞作品である。料理部門大賞は『みそ汁はおかずです』(瀬尾幸子、学研プラス)と身もふたもないタイトルで、味噌汁の具材レパートリーを紹介する。定番和食の味噌汁こそ、簡単にできる時短料理という主張だ。

スープが流行し始めたこの年、『帰り遅いけどこんなスープなら作れそう』(有賀薫、文響社)も入賞している。肉やトマトなど具材から出るうまみを利用した、出汁を使わない簡単レシピが中心で、皮をむくのに手間がかかるタマネギやジャガイモを禁じ手にした本だ。肉と野菜が入って1品でおかずが完結する工夫もある。

お菓子部門大賞の『へたおやつ　小麦粉を使わない白崎茶会のはじめてレシピ』(白崎裕子、マガジンハウス)も、型を使わないレシピなど手軽さが売り。こちらは2010年代、こねないパン、材料を混ぜるだけでつくれるケーキといった、常識をくつがえすかんたんレシピの人気が高まっていることを背景にしている。

また2018年には、フランスの流行にヒントを得た『並べて包んで焼くだけレシピ』(上田淳子、主婦と生活社)も刊行された。原寸大に印刷された型紙に合わせてカットした素材と調味料をクッキングペーパーに並べ、包んでオーブンなどで焼く料理を紹介する。つくり方を読み込まなくてもつくれるレシピの登場は、画期的だった。

実は料理を幅広い人たちに教える通常のレシピには、いくつかの欠点がある。一つは、あらかじめきちんと読んでおかないと大事なプロセスを読み飛ばしてしまう危険があること。二つ目は、「フツフツと沸いてきたら火を止める」といった、独特の言い回しを理解する必要があること。つくり手には、時短レシピを読んで新しい料理を試みること自体が、わずらわしく思えるときがある。しかし同書の場合、見てわかるのでその手間がいらない。ボウルなどの調理道具も汚さないで済む。調理の途中で調味料を投入する際、あわてて失敗する危険も回避できる。そして加熱時間は長いものでも15分しかかからない。

平成の初め頃にも小林カツ代のものを中心に時短レシピが流行っていたが、今のものに比べると手間がかかるものが多かった。何しろ、昭和時代にロールキャベツやグラタンといった手間をかける料理が流行った後だ。小林のレシピは、ワンタンスープのワンタンの皮と中身を別々に入れる「わが道を行くワンタン」といった、もともと手間がかかる料理が中心。その他、肉の替わりにシーフードミックスを使うカレー、フライパン一つでできる料理などが流行した。『きょうの料理』では、当時一般的になってきた電子レンジやスピードカッターを使うレシピも、くり返し提案されていた。

２０００年代は時短が目立たなくなったものの、一つの鍋で二つ、三つの料理を同時進行させるといった時短レシピなどを次々と提案する奥薗壽子《としこ》が人気を博し、時短の潮流は続いていた。

２０１０年代の簡略化したプロセスは、そういう意味で１世代かけてたどり着いた革新とも言える。しかしなぜ、平成にはこんなに時短レシピが流行ったのだろう。

一つはもちろん働く女性がふえて、時間の余裕がないなか食事の支度をする人が多くなったことが理由だろう。もう一つは、専業主婦が主流の時代に、料理に手間をかけることが当然となった潮流を変えるのに、時間がかかったこと。高いレベルを正しいとした風潮を変えるのは難しい。つくり手はもちろん、食べ手も、単なる簡略化ではわびしく感じるからだ。

これは私自身が長年主張してきたことだが、料理は日替わりでなくていいし、一汁三菜である必要はないし、手間をかけることが正しいわけでもない。栄養のバランスを考えることは必要だが、一食一食が完璧なごちそうである必要はないのだ。シンプルな食卓の日常と、手間をかける週末やハレの日といった使い分けでバランスを取る方法もある。料理に追われて家族と一緒に過ごす時間がなくなったり、疲れ果ててしまうとしたら、いくら理想的な食卓を整えても幸せにはなれない。その考えが共有されるようになってきた今は、いい時代が訪れたと言えるのではないだろうか。

ミールキットの誕生

1食または1品の料理に必要な食材がそろったミールキット市場が広がり活性化したのは、2013（平成25）年。売り出したのは有機野菜などのインターネット通販で知られるオイシックスだ。その後、らでぃっしゅぼーや、パルシステムといった安心・安全な食材販売を売りにする食品通販が参入。やがてローソン、セブン‐イレブン、ワタミ、アマゾンなどの大手企業もこのビジネスを始め、食品販売の形態として定着しつつある。

私は2017年にこのビジネスについて取材した折、実際にミールキットを使ってみた。使い勝手は会社によって違いがあるようだが、これは単に多忙な人が時短に使うだけではない魅力がある商品と思えた。

まず、レシピと下処理済みの必要な食材がそろったミールキットを使えば、初心者でもたやすく食事の支度ができる。私が取材した時点でも、主婦が不在のときに子どもや夫がミールキットで食事の支度をする例を聞いた。

また、少人数の家庭や、外食が多く食材を余らせがちな場合にも、無駄なく使い切ることができる。ただし、食材を買う場合や加工食品を買う場合より割高である。

オイシックスがミールキットを開発したのは、小学生以下の子どもがいる女性を対象に調査したところ、加工食品を使うことに罪悪感を覚える人が多いことがわかったからだ。忙しくて料理に時間はかけられないが、買ってきた総菜や加工食品を仕上げて並べるだけでは、サボったようで心苦しい。ひと手間かけアレンジもできるミールキットなら、その罪悪感も薄れるというわけだ。

自宅を離れて働く既婚女性がふえ始めて半世紀余り。3世代にわたって、家庭と仕事を持つ女性たちが自宅で闘ってきた相手は、「手抜きした」と思ってしまう自分自身だったのかもしれない。もちろん家族からそのように思われる可能性もあるが、一番の強敵はおそらく内面化した母親、姑や世間の目だったのだと思う。

女性が結婚すると、よき主婦となるべきだという価値観は、1917（大正6）年に『主婦之友』が発売されて以来広がり定着した。メディアは長い間、主婦としての心構えを説き続けたからだ。しかし、1975年をピークに専業主婦がへり始めると、主婦雑誌は売れにくくなっていく。1985（昭和60）年に創刊された『オレンジページ』（オレンジページ）が大ヒットしたのは、同誌が主婦としての心構えを一切説かず、実用に徹したことも大きいと思われる。

それでも平成の初め頃は、『きょうの料理』がテキスト企画で加工食品や総菜にひと手間加える提案を行う、1990年に創刊されて人気を博した『すてきな奥さん』（主婦と生活社）が加工食品を使ったレシピを盛んに紹介するなど、ある意味本末転倒な企画が登場したほど、手をかけることに対する信仰は強かった。

ミールキットの流行と定着は、そうした手料理信仰の根強さを裏づけるものでもある。しかし、安心・安全な食材の通販ビジネスから広がったのは、手間をかけたいからという理由以外に、加工食品に対する不信感もあると考えられる。加工食品の中には、食品添加物を多用する、食材の生産地が不明なものが多いなど、何が使われているのかわからないため不安を感じる人もいるからだ。

ちゃんとしたものを食べさせたい、しかし料理に時間をかける余裕はない。そういうジレンマを解決してくれる商品が、ミールキットだったのかもしれない。この商品の登場と定着は、いかに現代人が限られた時間をやりくりして生活しているかを表している。

本当は、料理を一からていねいにつくる時間と気持ちの余裕が欲しい。そんな風に感じている人は多いのかもしれない。ここ数年味噌づくり、梅酒・梅干しなどの梅仕事などが流行り、2020年に新型コロナウイルスの脅威により自宅で過ごす人がふえると、手のかかる料理をする人がふえたことからもわかるように、ていねいに料理したい人たちは一定数いる。

料理でラクをしたい人が多いのは、その人たちが怠け者なのではなく、あまりに忙しいせいである。忙しいのは、職場環境のせいかもしれない。労働時間の短縮は今大きな社会問題だ。批判する声も大きくなり、改善を試みる企業も出てきた。ミールキットは多忙な人だけが活用するわけではない。ふだん料理をしない家族や初心者が料理を学ぶツールとして使う。手間がかかると敬遠していた料理をつくる。何より献立を決める、という実は食事の支度で大きな負担となっている要素をへらせるのが魅力である。レパートリーを広げることに貢献するのだ。もしかすると、ミールキットはレシピサイトやレシピ本、テレビの料理番組と並ぶ大きな存在に成長していくのかもしれない。

今始まったわけじゃないつくりおきブーム

1人暮らしをしていた1990年代、私は毎日同じようなものばかり食べていた。料理しても食べるのは自分だけだし、代わりにつくってくれる人もいない。1人で食材を買いに行ってつくって食べて片づける。そのくり返しが単調でめんどくさかったのだ。

基本の献立はご飯と味噌汁、焼き魚、副菜。副菜はいわゆる常備菜で、たいていニンジン、シイタケ、油揚げが入ったヒジキ煮か、ヒジキを切り干し大根に替えただけの、切り干し大根の煮物だった。まとめてつくっておいて、なくなるまで食卓に載せる。簡単だけど単調な食生活のためだろう。私はあの頃、体力がなくてすぐ疲れていた。ただ、常備菜のありがたみはよくわかった。

常備菜のレシピがブームになったことは2回ある。1度目は1980年代で、そのときはフリージングが注目された。働く主婦がふえ始めた時代で、「家のことをちゃんとするなら働いてもいいよ」と夫から言われた女性たちは、週末に常備菜をつくるか下ごしらえをした素材を冷凍庫に入れておき、平日の負担をへらそうと試みていた。

冷蔵保存の常備菜が中心の2度目のブームが来た2010年代は、子育て期の共働き女性がふえた時代である。「家のことをちゃんとするなら」と言われる女性は少なくなっただろうが、彼女たち自身が、昭和の共働き主婦と違ってグルメになっている。

1980年代はファミレスがふえて外食は日常化しつつあったが、まだ今のようにバラエティ豊かな選択肢があったわけではなかった。しかし、平成に大人になった今の現役世代は、インド料理やイタリア料理などさまざまな外国料理も食べ慣れている。デパ地下やスーパーなどで、バラエティ豊かな総菜を買って帰ることもできる。ふつうの人がふつうにグルメな時代になったのだ。だから、常備菜も同じものばかりでは飽きてしまう。そんな時代に、つくりおきブームは再び起こったのである。

つくりおき料理のレシピ本が書店の棚にずらりと並ぶきっかけは、2011年に刊行され、2014年の第1回料理レシピ本大賞 in Japanの料理部門大賞を受賞した『常備菜』だろう。表紙に「作って冷蔵庫にストックしておけばごはんにお弁当にすぐおいしいおかず109」と銘打ってある。

紹介されているのは、「ひき肉のソース炒め」「いわしのしょうが梅煮」「かぼちゃのペースト」「ゴーヤのしょうゆ漬け」「豆のマリネサラダ」など幅広い。中にある◯◯漬けやマリネは、日本やヨーロッパの主婦たちの間で受け継がれてきた常備菜である。いつの時代も主婦は忙しく、だからこそ常備菜を使い回す工夫もしてきた。その知恵に今のトレンドを含めた提案を行っている。

料理レシピ本大賞 in Japanではその後も、つくりおきブームを反映した受賞作が続いた。2015年には料理部門に『決定版！ 朝つめるだけで簡単！ 作りおきのラクうま弁当350』（平岡淳子、ナツメ社）が入賞。2016年は『つくおき』（nozomi、光文社）が料理部門大賞を受賞している。

つくりおきの流行は、やがて完成した料理ではなく、下ごしらえした肉を冷蔵や冷凍をしておくものに移り、2018年頃に一度鎮静化した後、2019年から下味冷凍が再び流行している。知恵のある新しい提案をすれば流行るのは、それだけふだんの料理の準備を簡単にしたい人が多いのだろう。

つくりおきレシピの流行は、忙しくて料理する余裕がない人が、それでも何とか手づくり料理を食卓に載せたいと考えるからこそ生まれたものだ。外食することも総菜を買うことも簡単にできる時代に、たくさんの多忙な人たちがそれでも手づくりをしようとがんばっている。それは頼もしいことではないだろうか。

あとがき

本書は、クックパッドニュースで２０１８年９月から始まった「平成食ブーム総ざらい！」で平成30年間のトレンドをピックアップ、令和が始まり２０２０年１月からは、「あの食トレンドを深掘り！」とタイトルを変え、近年の流行現象の背景を考えた連載がベースになっている。

取り上げた流行現象は、驚くほどたくさんの食が流行した平成・令和初頭のほんの一部である。しかし、クックパッドニュースで公開した記事17本に加え、未発表の記事30本を加えることで、この30年の時代が見える構成を心がけた。振り返ると、トレンド現象としては過去になった食も、生き残って定着したものが多いことがわかる。ティラミスも、すっかり定番スイーツの一つになっている。と同時に、私たちが30年前よりずっと多彩な食を受け入れるようになっていることにも気づく。タイ米を臭いと感じる感性を持つ人は、アジア飯が身近になった令和の今、かなり少なくなったのではないか。

平成の初めと終わりに世界各国の料理が流行った結果、家庭の台所に常備される調味料もふえた。そこで、少し調味料について考えてみよう。

昭和の頃は、台所に常備される一般的な調味料といえば、醤油・味噌・みりん・日本酒・酢・塩・コショウにトマトケチャップ、ウスターソース、マヨネーズ、ドレッシング1〜2種類ぐらいだった。ところが平成になると、家庭によって異なるが、ナンプラーに豆板醤、オイスターソース、テンメンジャン、柚子胡椒、かんずり、豆豉、花椒、粒マスタード、練りワサビに練りショウガ、練りパクチー、コチュジャン、各種スパイス、各種塩、ワイン、バルサミコ酢、紹興酒などの調味料が常備される仲間に入る。平成になって仲間入りしたのは、ローカルな日本各地の調味料や、外国の調味料で、それは私たちの視野や行動範囲が広がったことと関連している。

合わせ調味料もバラエティ豊かになり、秋が深くなるとスーパーに、ずらりと鍋の素のレトルトパックが並ぶ。シーズニングと呼ばれるナムルやソムタムなどの味が決まるミックススパイスの類もある。そのバラエティは、私たちの好みの多様化に料理技術が追いつかないこと、あるいは私たちが料理しなくなったことを示しているように感じさせる。

2020年に広がった新型コロナウイルスの脅威が、その問題を顕在化させた。人と人の接触で感染する危険があるため、外食が難しくなり、飲食業の倒産や閉店が相次ぐ。そうした中、真っ先にスーパーの棚から消えたのが、インスタントラーメンなどの麺類、レトルトカレー、冷凍食品、小麦粉だった。小麦粉はベイキングの材料として買われたと思われるが、そのほかは簡単に食卓を調えられる材料ばかりである。春には学校が休校に、仕事が在宅勤務になり、家族がそろって家で3食摂るようになったことで、食事の支度が大変だと悲鳴を上げる女性が多かった。

コロナ禍は、日頃料理しないで済んでいた人がどれだけ多いかも気づかせたのだ。同時に、母親の大変そうな様子を見て料理する子どもたちや、夫たちの存在もあちこちで報告され、家族が協力し合って家庭を回す大切さや、そのことで深まる絆を実感した人も多かっただろう。もちろんその逆の現象も起きているものの、思わぬ形で家庭料理が復権した。手段はともあれ、私たちは食べないでは生きられない。だからこそ、厳しいことが多い日常を食で少しでも楽しいものにしたいと思う人たちが、平成・令和のトレンドを支えたのだろう。そのことも改めて発見できる仕事だった。

本書は、当初、平成史として去年、発売される予定だった。校正まで進んだところで版元が刊行を取り止め、一度はお蔵入りした。新しい版元が見つかり、令和部分を加えるなどして、無事刊行できたのは、クックパッドの皆さんのおかげである。クックパッドの福井千尋さん、小竹貴子さん、大村祐美子さんのご協力に感謝している。また、連載は植木優帆さんが担当。トレンドにくわしく若い彼女が面白がってくれて、楽しく仕事をすることができた。連載はまだ継続中なので、どうぞ皆さん「クックパッドニュース　阿古」のワードで検索してみてください。また、日頃私に流行を教えてくれる、食いしん坊女子会の皆さんにも感謝している。

書籍化に当たっては、集英社インターナショナルの近藤邦雄さんにお世話になった。私の仕事としては珍しい、エッセイ中心の歴史の本ができたのは、皆さんのご協力あってこそである。本書が無事、世に出ることになって本当にうれしい。

本書はクックパッドニュースの連載「平成食ブーム総ざらい！」「あの食トレンドを深掘り！」に加筆、訂正を行った項目と、食の流行の歴史を考えるために書き下ろした項目で構成されています。

連載既出は以下です。『料理の鉄人』革命／『夏子の酒』がもたらしたもの／『孤独のグルメ』の人気ぶり／2度目の韓国料理ブーム／スパイスカレーの誕生／ゴーヤーが注目された理由／赤身肉に注目／ティラミスブームとは？／チョコミントはなぜブームになったのか？／アジアの中のかき氷／高級食パンはなぜ人気なのか／緑茶ドリンクの成立／「平成米騒動」を振り返る／コロナ禍とベイキング／ル・クルーゼ好き世代／ミールキットの誕生／今始まったわけじゃないつくりおきブーム

イラスト／植田工

阿古真理《あこまり》

作家、生活史研究家。1968年、兵庫県生まれ。神戸女学院大学卒業。食を中心に、食にまつわる生活、女性の生き方などの分野で執筆。著書に『小林カツ代と栗原はるみ』『料理は女の義務ですか』(ともに新潮新書)、『なぜ日本のフランスパンは世界一になったのか』(NHK出版新書)、『昭和の洋食平成のカフェ飯 家庭料理の80年』(ちくま文庫)、『昭和育ちのおいしい記憶』(筑摩書房)、『パクチーとアジア飯』(中央公論新社)、などがある。

インターナショナル新書〇五九

何《なに》が食《た》べたいの、日本人《にほんじん》?
平成《へいせい》・令和《れいわ》食《しょく》ブーム総《そう》ざらい

二〇二〇年一〇月一二日 第一刷発行

著者 阿古真理《あこまり》
発行者 田中知二
発行所 株式会社 集英社インターナショナル
〒一〇一-〇〇六四 東京都千代田区神田猿楽町一-五-一八
電話 〇三-五二一一-二六三〇
発売所 株式会社 集英社
〒一〇一-八〇五〇 東京都千代田区一ツ橋二-五-一〇
電話 〇三-三二三〇-六〇八〇(読者係)
〇三-三二三〇-六三九三(販売部)書店専用
装幀 アルビレオ
印刷所 大日本印刷株式会社
製本所 大日本印刷株式会社

 ISBN978-4-7976-8059-1 C0277
定価はカバーに表示してあります。